tudo é história

72

José Roberto do Amaral Lapa

A ECONOMIA CAFEEIRA

editora brasiliense

Copyright © by José R. do Amaral Lapa, 1983
Nenhuma parte desta publicação pode ser gravada,
armazenada em sistemas eletrônicos, fotocopiada,
reproduzida por meios mecânicos ou outros quaisquer
sem autorização prévia do editor.

ISBN: 85-11-02072-1
Primeira edição, 1983
6ª edição, 1998

Revisão: Vera R. M. de Oliveira e José E. Andrade
Capa: 123 (antigo 27) Artistas Gráficos

editora brasiliense s.a.

MATRIZ: Rua Atucuri, 318 – Tatuapé – São Paulo – SP
cep: 03411-000 – Fone/Fax: (011) 6942-0545
VENDAS/DEPÓSITO: Rua Mariano de Souza, 664 – Tatuapé – São Paulo – SP
cep: 03411-090 – Fones: (011) 293-5858 – 293-0357 – 6942-8170 – 6191-2585
Fax: (011 294-0765

ÍNDICE

Introdução 7
O itinerário por vales, campinas e espigões ... 11
Da semente à xícara 56
Indicações para leitura 114

INTRODUÇÃO

Não se trata de gênero de primeira necessidade. Pelo contrário, chega-se mesmo a afirmar que nossa saúde seria beneficiada sem o seu uso. É um simples produto de sobremesa. Entretanto, a propagação do seu consumo, o complexo e o porte dos interesses econômicos e políticos que envolve — tanto para os países produtores, quanto para os consumidores — tornaram-no definitivamente um dos produtos aos quais é mais sensível a economia ocidental, pois o mercado de café é muito vulnerável à especulação, enquanto sua produção costuma ser instável, acusando ainda oscilações inerentes à curva de preços.

Na verdade, é para deplorar-se que o Oriente não o tenha ainda incorporado aos seus hábitos cotidianos, preferindo o desenxabido chá, pois caso contrário seria uma vitória de campeonato mundial para o café...

No Brasil, é-lhe atribuído ter modelado uma

civilização (a "civilização do café"). Já lhe foi mesmo conferida a patente de "general", menos talvez pela semelhança do renque dos cafezais com o perfilar do exército em dia de parada e mais pelo comando de nossa vida econômica e política, que ainda, também, procura efetivamente exercer.

Quanto ao seu uso, para nós brasileiros, fez o chamado casamento perfeito com o leite, numa aliança que, conforme os eruditos, teria se dado, pela primeira vez, na Europa, em 1660, apesar da campanha contrária que então se fez a essa mistura. Mas, costuma também ser indefectível após as refeições.

A genial compatibilidade com o leite admite entre nós, quando muito, efêmeras uniões com o creme de *chantilly*, o que não o impede entretanto, em outros países, de andar em más companhias — licores e espirituosos — ou até de admitir a heresia de ser servido com o pó ou ser tomado com água!

Aqui, o sorvemos com ligeireza, como convém ao nosso subdesenvolvimento, mas, lá, no estrangeiro, tem-se o bom gosto de tomá-lo sentado, sem pressa, alimentando conversa fiada ou grandes negócios.

O uso do café no mundo foi rapidamente disseminado. Em nosso século, até a década de 70 pelo menos, o consumo mundial mais do que dobrou (172%), sendo que a nossa exportação aumentou no mesmo período em 34,7%, ficando o atendimento dessa diferença entre a demanda e a produção a cargo dos novos países concorrentes do Brasil no mercado cafeeiro. A nossa curva de exportações de café é naturalmente afetada por um elenco de fatores que vão dos acidentes meteorológicos às crises econômicas e políticas — internas e externas — que se abatem sobre a sociedade em geral ou sobre o mercado cafeeiro em particular.

O seu paladar é de agrado geral, ao que se acrescentaram, ao longo dos séculos, até lendas e práticas de superstição sobre as suas virtudes de cura e outras propriedades estimulantes e reconstituintes, que os árabes se encarregaram inicialmente de divulgar. A história de sua expansão é acidentada e plena de lances até heróicos, pois também não faltaram graves denúncias dos seus malefícios e, a partir daí, sistemáticas perseguições.

A história do café no Brasil tem sido escrita e reescrita, com abordagens as mais diversas, o que hoje em dia nos permite dispor de ponderável conhecimento acumulado.

Dessa maneira, sua geografia e economia, a sociedade que se criou graças à cafeicultura, o exercício do poder político por parte daqueles que dispunham dos meios de produção cafeeira, a cultura popular e erudita que nele se inspirou compõem numerosa bibliografia, possivelmente como nenhum outro produto econômico brasileiro chegou a merecer.

Até certa altura, a sua história foi envolta por determinado fatalismo. Convencemo-nos ou nos convenceram de que o Brasil era "um país eminentemente agrícola", o que significava dizer, dentro de determinado contexto, que a nossa vocação econômica era indesviável e, assim, atrelada aos interesses dos países hegemônicos. Ora, o Brasil era o café. Como a cultura deste produto tinha efeitos bastante negativos sobre a natureza e em tempo relativamente curto exauria os recursos da terra, deixando em seu lugar tão-somente pastos e "cidades mortas", o conhecimento que se produziu sobre o café até época recente mostrava que o roteiro iniciado no Rio de Janeiro já chegava ao seu termo no Paraná, na fronteira com o Paraguai, onde, portanto, terminaria o reinado do café e em conseqüência o Brasil, desde que este era o café... Felizmente já nos tranqüiliza a verificação de que tal antevisão não se concretizou!

A área geográfica que este estudo compreende é, grosso modo, na ordem de sua expansão física, a do Rio de Janeiro, Minas Gerais, Espírito Santo, São Paulo e Paraná. O período vai do primeiro quartel do século XIX até os nossos dias.

Como não se trata de uma história do café no Brasil, fizemos destaque para temas que julgamos representativos, predominando a linha descritiva no texto, que por sua vez evita demorar-se sobre assuntos tratados em outros volumes específicos desta Coleção.

O ITINERÁRIO POR VALES, CAMPINAS E ESPIGÕES

Eu quisera se penera
Na coieta de café,
Para andá dipindurado
Nas cadera das muié

Quem tivé fia bonita
Não mande apanhá café;
Si fô minina, vem moça;
Si fô moça, vem muié!

(Quadras populares)

O café entra para a história do Brasil num lance romântico.

Os fatos, dos quais ficaram documentos, parecem ter-se passado da seguinte maneira. Paraense de nascimento, o sargento-mor Francisco de Melo Palheta era conhecedor das áreas litigiosas que Portugal tinha na Amazônia. Em 1722-23 fora encarregado, pelo Governador do Estado do Maranhão, de chefiar uma das numerosas expedições militares que então se faziam ao Rio Madeira. Dessa acidentada viagem há minucioso relato.

Mas foi com outra expedição, em 1727, que ganhou a notoriedade capaz de introduzi-lo na história. Desta feita, destinou-se à possessão francesa (Guiana), em cuja capital, Caiena, compareceu ao Palácio do Governador, onde pela primeira vez tomou uma xícara de café, achando deliciosa a bebida. Como por um *bando* local havia sido proibida qualquer venda de café — "capaz de nascer" — aos portugueses, a verdade é que, por solicitação sua ou não, sigilosamente a esposa do Governador francês Claude d'Orvilliers teria lhe oferecido, num gesto galante, sementes e cinco mudas de café, que dariam origem aos cafezais brasileiros.

Uma vez introduzido no Brasil, durante o século que se segue, embora o café tivesse se propagado por quase toda a Colônia, respondeu entretanto, a maior parte desse tempo, às necessidades do consumo interno, notando-se certo aumento gradativo da produção. Inicialmente, ocupou modestíssimo lugar em nossa pauta de exportações, ainda que fosse remetido com certa regularidade para a Europa na segunda metade do século XVIII.

Vencido o primeiro quartel do século XIX, a produção cafeeira decolaria, vindo a ocupar, no curto espaço de 10 anos (1830-1840), o primeiro lugar em nossas exportações. Concorríamos com 1/5 do consumo mundial no período em questão, mas já no

Francisco de Melo Palheta, o introdutor do cafeeiro no Brasil (crayon *do Prof. Marques Júnior*).

último quartel do mesmo século assegurávamos 3/4 daquele consumo.

Hoje, o Brasil é o maior produtor e exportador de café do mundo, com 36% das exportações mundiais, o que supera a produção das nações africanas, América Central e Colômbia reunidas. É o segundo país em termos de mercado consumidor.

Desde 1821 o IBC tem as séries completas de exportação do café brasileiro, coligidas com dados da Diretoria de Estatística Econômica e Financeira do Tesouro Nacional.

Para se ter idéia dessa evolução, damos a exportação de alguns anos agrícolas representativos (passagem de cada década), relevando entretanto a oscilação anual que ocorre:

Anos	Sacas de 60 quilos (1 000 sacas)	Valor da exportação (em contos de réis até 1900; em US$ a partir de 1910)	Valor da saca (em réis até 1900; em US$ a partir de 1910)	Percentagem do café na exportação nacional (relativa)
1821	129	3.275	25$400	16,3
1830	480	6.954	14$490	19,8
1840/41	1.239	17.804	14$370	42,7
1850/51	2.485	32.604	13$120	48,1
1860/61	3.571	79.664	22$310	64,7
1870/71	3.827	84.504	22$081	50,3
1880/81	3.660	126.134	34$463	54,6
1890	5.100	180.894	37$168	64,7
1900	9.153	484.342	52$905	56,9
1910	9.724	307.044	13,36	42,31
1920	11.525	400.745	17,08	49,12
1930	15.288	319.959	13,10	62,63
1940	12.053	263.432	7,93	36,31
1950	14.835	1.355.467	58,34	63,85
1960	16.819	1.268.802	42,37	56,17
1970	17.085	2.738.920	57,46	35,84

A Economia Cafeeira

A primazia do café em nossa balança de exportações foi mantida até 1968/1974, quando, na inversão do chamado "milagre brasileiro" e atendendo à conjuntura internacional, vai cedendo, aos poucos, lugar aos produtos industrializados, mais especificamente à indústria de bens duráveis.

Em 1981, a participação do café na pauta de exportações brasileiras estava com a modesta posição de 15,20%.

Para termos uma idéia dessa *performance* do café no período de 1968-1980, seguem-se tabelas com o crescimento de nossas exportações:

TAXAS DE CRESCIMENTO DAS EXPORTAÇÕES BRASILEIRAS
(sobre valores correntes, em US$)

	68/73	*74*	*74/78*	*79/80*	*74/80*
Manufaturados	43,2	50,8	21,9	31,8	25,1
Primários, inclusive o café	26,8	42,3	3,0	25,4	10,0
Café	26,3	—27,1	23,7	9,9	18,9

Fonte: Dados do Banco Central.

TAXAS DE CRESCIMENTO REAL DAS EXPORTAÇÕES

	68/73	*74*	*74/78*	*79/80*	*74/80*
Manufaturados	26,4	24,6	15,4	18,1	16,3
Primários, inclusive o café	8,2	17,6	— 2,5	12,3	2,2
Café	7,7	—39,7	17,1	— 1,5	10,5

Fonte: Dados do Banco Central.

Ao longo do nosso século observamos que embora a curva de exportações do café brasileiro seja sempre crescente, com exceção para o período de duração da II Guerra Mundial, o seu grau de competitividade em relação aos outros países produtores diminui, conforme se pode verificar:

EXPORTAÇÕES DE CAFÉ: MUNDIAL E BRASILEIRA
(Médias anuais, em milhares de sacas de 60 quilos)

Anos	Consumo Mundial	Exportações		Percentagem do Brasil
		Brasileiras	Outros países	
1900-1909	16.300	12.400	3.900	76,0%
1910-1919	17.900	13.300	4.600	74,3%
1920-1929	21.200	13.800	7.100	65,0%
1930-1939	27.400	15.000	12.400	54,7%
1940-1949	24.200	13.600	10.500	56,1%
1950-1959	34.240	14.860	19.380	43,4%
1960-1962	44.450	16.710	27.740	37,5%

Fonte: José Ribeiro de Araújo Filho, *Santos, o porto do café*, p. 144.

Hoje (1981), o café cru em grão está ocupando o 4.º lugar na pauta de exportações, atrás, respectivamente, do farelo de soja, do material de transporte (veículos e autopeças) e dos minérios metalúrgicos.

Vamos rapidamente seguir seu itinerário geográfico.

Na abertura de áreas de plantio, procede-se à queima da mata, para serem utilizadas as cinzas como adubo. São relativamente recentes os cuidados com a conservação do solo, com o uso de fertilizantes e produtos químicos que corrigem as deficiências naturais e combatem as pragas.

Por outro lado, ao longo do período estudado, a existência de terras favoráveis à cultura do café, cobertas ou não de vegetação, levaram a cafeicultura a ocupar vastas porções dessas áreas, cumprindo um roteiro que praticamente já fez a travessia do território brasileiro no sentido leste-oeste da região Sul, entre o Paralelo 20° e o Trópico de Capricórnio. Esse avanço em grande parte foi determinado pelo ritmo dos preços, a que se acrescenta, entre outros fatores, a inflação em certos períodos, facilitando assim a mobilização de recursos por parte dos fazendeiros.

A história dessa expansão está tradicionalmente balizada em três grandes períodos históricos, mais ou menos de meio século cada um, cuja seqüência é bem definida e subdividida geograficamente, mas não cronologicamente.

Por outro lado, essas datas não coincidem necessariamente com as conjunturas favoráveis e as crises, muito embora as curvas de preços determinem a velocidade do avanço da frente pioneira e também do refluxo para áreas já ocupadas, mas cuja cafeicultura fora relegada pela dependência externa. Tampouco as mais pronunciadas mudanças nas relações sociais de produção e nas forças produtivas ocorrem ao mesmo tempo que aquela periodização. Aliás, é o esgotamento do solo que vai conferir em média 40 anos de vida útil ao cafezal.

Enfim, trata-se de um processo de expansão da economia de mercado vinculada à grande exportação. Desta maneira, provoca-se o contínuo deslocamento dos centros de produção em busca da excelência das condições naturais, como o clima tropical ou subtropical, a distribuição favorável de precipitações atmosféricas, altitudes médias, etc.

A viabilização e a montagem dessa economia eram ainda asseguradas por várias outras condições internas favoráveis, como a acumulação propiciada pela cultura canavieira em certas áreas ou pelo comércio praticamente em todas, cujo resultado destinava-se primeiro à compra de escravos e depois à organização de uma política imigratória, bem como ainda aos meios de transporte e comunicação, às benfeitorias das unidades de produção, etc.

A tradição agrária formada com o açúcar, desde o século XVIII, permitira estocagem de mão-de-obra escrava, incorporação de técnicas agrárias e de comercialização que irão facilitar a adaptação dos engenhos em fazendas de café.

Nesse sentido, o café apresentava necessidades mais simples, em matéria de tratamento agrícola, do que o açúcar, com menos capital e mais resistência à precariedade que as vias de comunicação ofereciam ao seu transporte.

O que Celso Furtado considera a "gestação da economia cafeeira" constitui o rápido processo — econômico e social — de formação e montagem, organização e projeção dessa economia, particularmente nos estados do Rio de Janeiro, Minas Gerais e São Paulo.

As teses mais conhecidas sobre a sua viabilização interna dizem respeito a dois ciclos produtivos

A Economia Cafeeira 19

"Mas, serão os grandes portos do Rio de Janeiro, Santos e Paranaguá... que passarão a exportar mais de noventa por cento da produção".

anteriores — *mineração*, particularmente em Minas Gerais (1695-1763), e *açúcar* (1765-1851) — que vão ensejar a acumulação financiadora do novo produto, empolgando nossa economia no século XIX. As estruturas dessas economias precedentes, em termos de instalações, transportes e comercialização serão utilizadas pelo café, bem como a disponibilidade de um estoque de mão-de-obra escrava ociosa ou semi-ociosa, estudada por Furtado, em resultado da desintegração da economia de mineração, o que teria assim, segundo o mesmo autor, propiciado o "aproveitamento de recursos preexistentes e subutilizados".

Nessa linha, ter-se-ia que considerar ainda em termos de acumulação, com padrões diversos, o comércio interno, num complexo de atividades, no qual os tropeiros ocupariam um espaço, além dos atacadistas urbanos. Outra dimensão seria a do comércio externo — importador e exportador — e do tráfico negreiro, ambos pouco conhecidos nesse período de interregno entre ciclos produtivos.

Quanto à primeira tese, de fato uma prática agrícola e comercial, que se estruturou por cerca de noventa anos, conferiu aos seus agentes uma acumulação prévia de recursos que tornou possível a gestação do café.

Entretanto, a nível empírico pouco se conhece da transição entre essas economias, em termos de infra-estrutura, alterações no aproveitamento da terra e nos serviços, equipamentos e benfeitorias, *i.e.*, na organização e no processo de produção, com suas necessidades de custos e reposição monetária, grau de capitalização, produtividade, etc.

Algumas dessas hipóteses, aceitas até ontem com natural tranqüilidade, reclamam detida revisão a partir da pesquisa de Roberto Borges Martins (*Growing in silence: the slave economy of nineteenth-century, Minas Gerais, Brazil,* Nashville, Tennessee, 1980).

Em primeiro lugar, um suposto refluxo demográfico, acompanhado dos seus respectivos escravos e trens, que teria ocorrido de Minas Gerais, após a exaustão da mineração, em direção ao litoral e interior do Rio de Janeiro e São Paulo — levantamos a hipótese — parece ter-se dado já no século XVIII, beneficiando antes o açúcar do que o café. Em segundo lugar — e esta é uma verificação concreta, a de Borges Martins —, após o declínio da mineração, o que realmente se deu em Minas foi um processo endógeno de recuperação e crescimento, capaz não só de reter o seu plantel de escravos, como de promover a continuidade do tráfico, portanto em nada desviando recursos para o café, antes atuando em função da potencialidade de mercados consumidores internos, com destaque para a concentração de população e serviços na corte.

Dessa maneira, o que teríamos, contrariamente à formulação de Furtado, não é um aproveitamento do que estava ocioso com a decadência de outras economias regionais, mas sim uma certa dinâmica que delas resultou e que viabilizaria a economia cafeeira, que no seu crescimento, num prazo inicial relativamente rápido, ganharia condições para gerar seus próprios recursos e financiamento.

Serão os grandes portos do Rio de Janeiro, Santos e Paranaguá — graças à sua posição geográfica em relação à rede viária interna e às grandes rotas comerciais do Atlântico, bem como aos equipamentos de que foram dotados — que passarão a exportar mais de 90% da produção.

Nesses portos, as bolsas de café, as grandes firmas exportadoras, os serviços de armazenamento e estiva, classificação, prova, etc., como ainda teremos oportunidade de referir, formam um complexo que permite altos índices de comercialização. Com as ferrovias ligando diretamente as áreas produtoras aos grandes portos, os pequenos portos entraram em decadência.

A expansão da economia de mercado é peculiarizada, por sua vez, pela revolução industrial, com suas conjunturas favoráveis, com o crescimento demográfico acompanhado pela rápida difusão do uso do café por grandes massas da população de todas as classes do mundo desenvolvido, onde justamente não há condições naturais favoráveis ao seu cultivo.

As grandes empresas de torrefação, agindo na base de oligopólio, dispondo de recursos financeiros para manter vultosos estoques, exercem decisiva influência no mercado.

Entretanto, por outro lado, deve-se considerar uma série de dificuldades que se foram apresentando, quer as de ordem natural, como secas, geadas, erosões, intempéries e pragas, quer as de mercado, como financiamento escasso, oscilações de preço, o fato de o ciclo dos cafezais novos levar até 5 anos para começar a produção, naturalmente reclamando durante esse tempo despesas e inversões de demorado retorno. Esse leque de entraves não chegou a comprometer de maneira decisiva a expansão; quando muito contribui para controlar ou erradicar o plantio, recuperando-o poucos anos depois.

Registre-se que no ciclo de vida do cafezal novo, uma vez que tenha este sido plantado em condições favoráveis de clima e solo, pode ter a sua florada mais significativa já no terceiro ano, a partir de quando a produção média por pé vai num crescendo, sendo o melhor rendimento atingido aos 7 ou 8 anos, prolongando-se dos 15 aos 20 anos, excepcionalmente até os 40 anos, sempre de maneira irregular de um ano para o outro, embora a árvore possa viver outro tanto de anos.

Mas, continuando a acompanhar a marcha do café no Brasil, verificamos que a incorporação dessa extensa superfície, que assistiu e ainda assiste à expansão, mas agora em outras direções e com bem menor ímpeto, compreendeu, ao longo dos séculos XIX e XX, os estados do Rio de Janeiro, Minas Gerais, Espírito Santo, São Paulo, Paraná e sul do Mato Grosso do Sul, estendendo-se para o Paraguai, com fluxos demográficos que geralmente seguiam da região de solos esgotados para as frentes pioneiras. Sobre a cafeicultura no Espírito Santo e sul do Mato Grosso, carecemos ainda de bem mais estudos, se compararmos com o conhecimento produzido sobre os outros estados. Mesmo o caso de Minas Gerais só agora começamos a melhor conhecer, com os trabalhos de Borges Martins e Heraldo Lima.

Verifica-se que em suas grandes linhas o processo é o mesmo, isto é, uma acumulação prévia em atividades outras que não o café, ligadas à terra e ao comércio, bem como força de trabalho escrava em grande volume.

Entretanto, no interior do processo há ocorrências que nos fazem repensar todo um quadro de generalizações que se montou sobre o café e sua história. Há uma peculiarização que Minas impõe ao incorporar a expansão cafeeira no seu espaço físico. Do predomínio da pequena propriedade a uma acumulação (entesouramento, pecuária e subsistência) excepcional, do recrutamento de trabalhadores livres brasileiros a um projeto político, o café em Minas apresenta contornos próprios.

Para o oeste geográfico de São Paulo e norte do Paraná nota-se sempre um movimento seqüencial, cujo primeiro momento é marcado pela tumultuada ocupação e desenvolvimento da "frente pioneira", onde a derrubada da mata cedia lugar às plantações, aos povoados e cidades, palco de rápido e muitas vezes tenso processo de modernização.

Os "primeiros tempos" são de grandes dificuldades ("fronteiras de expansão"), quando a fronteira demográfica antecede a fronteira econômica. As relações econômicas e sociais configuram-se como pré-capitalistas e são tensas, exigindo desde a defesa contra os ataques indígenas até o trabalho pesado e

A Economia Cafeeira

integral com a plantação, os animais, a subsistência, etc. Quando ambas as fronteiras — demográfica e econômica — confundem-se em termos de mercado, está superada a etapa da subsistência como a atividade principal da maioria dos ocupantes ou posseiros.

A montagem da infra-estrutura já é então caracterizada pelos empreendimentos capitalistas: ferrovias, bancos, empresas imobiliárias, comércio, etc. Essas iniciativas cabem aos "pioneiros", personagens que guardarão, durante muito tempo, certo *status* na sociedade que então se forma nessas áreas.

A vida social torna-se intensa, como aquela registrada por Lévi-Strauss, surpreso com o número de bordéis e a vida noturna em Marília, onde nas ruas principais o comércio permanecia aberto 24 horas por dia.

Guardadas as diferenças entre o avanço dessa fronteira nos séculos XIX e XX, ou melhor, ao longo da transição das estruturas escravistas para as capitalistas, uma vez esgotado o solo pelo café, tem-se, então, um segundo momento, com a fragmentação do latifúndio, a regressão para a economia de subsistência e pastagens, a atrofia urbana, etc., que o capitalismo entretanto encontrará, anos mais tarde, meios de reativar, com outras formas de apropriação do excedente.

Essa é a área geográfica objeto do nosso estudo.

No Rio de Janeiro, o café inicia-se como cultura doméstica, nas montanhas que incluem a Tijuca e o Corcovado, passando por algumas escalas até chegar ao latifúndio. Vai multiplicar-se em várias direções: litoral do Rio e São Paulo, encontrando seu grande cenário nos terrenos cristalinos do Vale do Rio Paraíba.

Entre 1760 e 1762 foi que surgiram no Rio de Janeiro as primeiras plantas, vindas do Extremo Norte, e que ficavam em quintais de casas e na chácara dos frades barbadinhos, de onde se irradiaram para São Gonçalo e Resende. Aliás, os religiosos distinguir-se-iam com as primeiras culturas de café, feitas já em sítios e fazendas. Mas seria dos locais apontados que sairiam duas grandes linhas de expansão: São Gonçalo, que deu origem às culturas da Baixada Fluminense até Campos, estendendo-se para a zona montanhosa do Norte, e Resende, que seria a vertente das grandes culturas do Vale do Paraíba, mata mineira e chapadões paulistas, no chamado Norte de São Paulo.

Mesmo em terras fluminenses, o café levaria cerca de meio século para sua grande expansão, sendo no início mais uma lavoura complementar à do açúcar em certas áreas. Dessa maneira, por toda a parte, onde a natureza das terras favorecia, o café foi substituindo quer a floresta quer outros produtos.

O Vale do Paraíba comportará portanto sua grande expansão, polarizada pela cidade de Vassouras, a 4 horas da cidade do Rio de Janeiro, que foi o maior centro cafeicultor da província.

O transporte e a comercialização do café no Vale fizeram-se, antes das estradas de ferro, pelas tropas de muares, enviadas pelos fazendeiros várias

A Economia Cafeeira 27

vezes por ano. A tropa ia até a localidade mais próxima, onde geralmente as sacas de café eram enfeixadas em sacos de couro e depositadas em armazéns de comissários ou correspondentes, que as venderiam aos exportadores da cidade do Rio. O grosso do escoamento fazia-se pela antiga estrada de tropas que unia a corte a São Paulo, mas toda uma malha de caminhos foi sendo traçada e desenvolveu-se graças ao café, dirigindo-se também para o porto de Ubatuba. Por ela, antes das ferrovias, as pessoas circulavam nas liteiras, bangüês, balaios, carros-de-boi, cavalos, troles e aranhas.

Em Minas Gerais, cujas primeiras lavouras datam de 1791/98, foi sobretudo na chamada Zona da Mata que o café melhor se aclimatou.

Ao longo de sua secular marcha, foi encontrando e transformando uma sucessão de grandes paisagens. Primeiramente, como vimos, o Vale do Paraíba — datas aproximadas: 1830/1850 — onde as altitudes, que vão até 1.000 m, ofereciam bom regime pluviométrico, temperaturas amenas, certa proteção eólia, revestimento florestal e ótimo solo.

Em seguida, em meados do século XIX, embora tivesse penetrado em São Paulo no final do século XVIII, o café, confluindo com a expansão que vinha do Sul de Minas, atingiu a região que então se designava o "Oeste" de São Paulo, após contornar a região da capital paulista. Essa área não coincide exatamente com o oeste geográfico do estado.

Até mais ou menos 1860, o Vale, na província do Rio, produziu 78%, enquanto São Paulo produziu 12% e Minas, 8%. Mas, nas duas últimas décadas do século XIX, a produção do Oeste paulista rapidamente superaria a do Vale. São Paulo ultrapassa a produção de Minas Gerais em 1881 e a do Rio de Janeiro em 1889. Por sua vez, o Rio seria superado por Minas em 1896 e pelo Espírito Santo em 1928. Neste estado, embora registrem-se lavouras já em 1815, a expansão cafeeira dá-se no último quartel do século XIX, pelo sul e sudoeste.

No "Oeste Velho" de São Paulo — em contraposição ao "Oeste Novo", regiões cujo confronto seria aproximadamente no atual município de Rio Claro — onde as primeiras lavouras foram estabelecidas no primeiro quartel do século XIX, a cidade de Campinas será o grande pólo de expansão, em terrenos sedimentares, tendo duas irradiações marcadas pelas estradas de ferro que antecedem ou sucedem os fatos urbanos, que por sua vez continuam surgindo ou tendo grande desenvolvimento graças ao café.

Uma linha — Companhia Paulista de Estradas de Ferro ("zona paulista") — irá de Campinas a Catanduva, passando por várias cidades, e a outra — Companhia Mogiana de Estradas de Ferro ("zona mogiana") — partirá de Campinas em direção a Ribeirão Preto e depois Franca. A incorporação de áreas novas foi-se dando sobretudo a partir de meados da década de 70, quando há a grande expansão.

Durante muito tempo a literatura científica que tratou da economia cafeeira distinguiu bem, no "roteiro" cumprido pelo café, no século XIX, duas regiões distintas, quer pelo seu relevo e condições na-

A Economia Cafeeira

turais, quer pelo grau de transformações econômicas, sociais, políticas e culturais que apresentaram em períodos históricos cronologicamente também distintos.

Essa diferenciação não nasceu de simples observações e estudo dos cientistas sociais, mas de um confronto de prática social e ideologia entre os próprios fazendeiros das duas áreas. Embora solidários em muitas questões, os fazendeiros chegaram a ter interesses conflitantes, acusando-se mutuamente a propósito da demanda de força de trabalho, da política cafeeira, etc.

Para essa visão dicotomizada também contribuíram muitos viajantes estrangeiros, ao destacarem a progressividade dos fazendeiros do Oeste em contraposição à retrogradação dos seus colegas do Vale.

Não demorou para que o discurso acadêmico incorporasse essas diferenças, elaborando um quadro de confronto dentro da análise da emergência do capitalismo no Brasil, via economia cafeeira.

Grosso modo, as diferenças em questão podem ser assim enumeradas:

1850-1910

Vale do Paraíba	*Oeste Paulista*
1. formas tradicionais de ocupação e uso da terra	1. formas capitalistas de ocupação e uso da terra
2. fracionamento dos latifúndios	2. predomínio da grande propriedade
3. estagnação econômica	3. progresso
4. mentalidade tradicional na administração da fazenda	4. mentalidade empresarial capitalista
5. investimento improdutivo dos lucros	5. investimento produtivo dos lucros

6. agricultura arcaica	6. agricultura moderna
7. fazendas auto-suficientes	7. fazendas dependentes
8. aristocracia escravocrata e conservadora	8. aristocracia imigrantista e liberal
9. senhorio voltado para a gestão agrícola	9. senhorio empresarial, desdobrando-se em iniciativas urbanas
10. dependência do patrocínio oficial	10. iniciativa privada independente
11. estiolamento e regressão urbana	11. desenvolvimento urbano
12. formação das classes médias por um movimento de descenso da aristocracia	12. formação das classes médias por um movimento de ascenso de segmentos inferiores
13. indiferença política	13. ativismo na prática política
14. resistência ao movimento abolicionista	14. aceitação do movimento abolicionista
15. ideologia monarquista	15. ideologia republicana
16. inércia cultural	16. intensidade do movimento cultural
17. impermeabilidade ao processo de adaptação cultural	17. fácil adaptação a novas imposições culturais
18. relações sociais paternalistas	18. relações sociais capitalistas
19. relações sociais de produção escravistas	19. relações sociais de produção capitalistas
20. forças produtivas escravistas	20. forças produtivas capitalistas
21. administração direta do trabalho	21. administração indireta do trabalho
22. unidade de produção tradicional (fazenda)	22. unidade de produção capitalista (empresa)

A literatura que admite o confronto entre as duas regiões é farta. O quadro que construímos usou propositadamente como suporte alguns autores de diferentes tendências metodológicas e teóricas. Embora haja uma certa gradação das diferenças estabelecidas, de um autor para outro, bem como também o teor das explicações não permaneça o mesmo, as aproximações levam a certo consenso, que só recentemente começa a ser revisto, na medida em que o Oeste Velho de São Paulo passa a ser objeto de estudo. Nesse sentido, as pesquisas vêm relativizando esses critérios diferenciais, observando-se que embora certas diferenças sejam notadas, e com insistência explicitadas no discurso dos agentes, na verdade ambas as regiões têm muito em comum dentro de uma estrutura em transição, sendo, no geral, faces de uma mesma moeda.

Ao conhecimento científico que se produziu sobre essas áreas, pareceu que certo determinismo geográfico, *i. e.*, fertilidade ou exaustão da terra, era o motivo decisivo para condicionar o povoamento. Assim, influía no desempenho econômico e político e até mesmo no nível de consciência social da classe dominante.

Se a proximidade geográfica dos fazendeiros do Vale e as condições agrárias que enfrentavam conferiam-lhes certa identificação de interesses que podia distingui-los dos seus colegas do Oeste, não chegavam entretanto, nesse nível, a constituir uma unidade em cada área.

O exemplo mais expressivo das diferenças, que não se estabelecem apenas em termos das regiões, dá-se com o encaminhamento político da liquidação do escravismo. Em torno dessa questão os fazendeiros dividem-se e subdividem-se. São muitas vezes levados a esse fracionamento por certo imediatismo e/ou pela perspectiva de enfrentamento de problemas como o de uma revolta generalizada dos escravos diante da inoperância do Estado ou das dificuldades no aproveitamento dos libertos e dos trabalhadores nacionais livres.

Perante o movimento abolicionista é possível visualizar da parte dos grandes proprietários agrícolas posições e propostas que parecem ir do escravismo mais renitente à abolição pura e simples.

Dessa maneira, há fricções no interior da classe produtora, que se posiciona e participa da questão.

Também no que diz respeito à política econômica do governo, as reações dos grandes fazendeiros de café não explicitam homogeneidade de interesses. Por outro lado, não comprometem de maneira decisiva o projeto que a burguesia impõe à sociedade, adequado que está ao capital internacional.

Nessa linha, a origem e desempenho da classe dos fazendeiros de café envolve a polêmica da burguesia nacional, sobre o que se tem gasto tanta tinta.

À legião de autores que localizaram no tempo e no espaço a emergência do "modo de produção capitalista no Brasil" — grosso modo na segunda metade do século XIX, no Oeste Velho de São Paulo — já se contrapõem colocações que mostram a relatividade dos seus indicadores de racionalidade econômica e modernização social.

Entretanto, reconheça-se que a oligarquia paulista e sua vanguarda empreendedora, como setor privilegiado das classes dominantes, conseguem desenvolver certas formas de pressão ou ação, manipuladoras dos aparelhos do Estado, acionando mecanismos de domínio político e mandonismo local.

A Economia Cafeeira 33

Essa vanguarda, graças à sua experiência e acumulação, bem como estimulada também pelo declínio da produtividade nas áreas mais velhas, arremetia para as frentes pioneiras, sabendo aproveitar-se das condições favoráveis do mercado.

Ligada ainda a esse confronto entre o Vale do Paraíba e o Oeste de São Paulo, temos uma outra questão controversa, que é aquela que diz respeito às relações que se desenvolveram ao longo do período que estudamos entre o setor agrícola cafeeiro e os demais setores da economia brasileira, ou seja, o manufatureiro/industrial e o comércio.

Durante a gestação e expansão da cafeicultura no século XIX, a industrialização brasileira, sobretudo na área têxtil e de alimentação, teve um processo com rupturas e contradições, marcado por efêmeros "surtos" a partir da extinção do tráfico africano em 1850 e localizado em áreas de concentração populacional, poder aquisitivo e facilidades de transporte e de obtenção de mão-de-obra e matéria-prima.

Como o setor agrícola é que gerava divisas, envolvendo um complexo de interesses externos e internos, o setor de manufaturados, sem tradição e mal organizado, pouco conseguia sensibilizar quer o Estado, quer a sociedade, enquanto o alto comércio de importação e exportação atuava supostamente e com discrição junto ao Estado contra uma eventual política industrialista.

De qualquer maneira, esses setores integram um sistema de economia dependente, o que significa dizer que não se compartimentam e são fortemente condicionados por fatores de ordem externa, o que não impede, entretanto, que haja um espaço e certa dinâmica interna que oferecem resistência ao próprio sistema.

A rigor, não é difícil demonstrar a permanente dependência do setor industrial em relação ao setor cafeeiro, tendo este criado uma infra-estrutura de crédito, comércio, transportes e comunicações utilizados pela indústria, além de oferecer o capital financeiro, gerado pelo seu próprio processo de acumulação, para muitos originária.

Por outro lado, não se pode relegar, no processo de financiamento da indústria, o concurso de capitais provenientes do comércio, dos bancos e do exterior. Torna-se imperativo considerar também uma parcela de difícil estimativa, representada pelo recurso monetário dos imigrantes, trazido com eles ou aqui acumulado, através de um sistema de aforro, particularmente, com a pequena poupança, que resultaria numa rede de pequenas e médias empresas que devem ter ocupado espaço ponderável na produção industrial da época.

Mas a evidência parece apontar para sua origem agrária, quando muito em parte intermediada por aqueles que supostamente deviam capturar bom volume dos excedentes: comissários, comerciantes e banqueiros.

Reconhecida essa procedência, há ainda que distinguir entre o empresário e o capital de origem agrária. No processo de industrialização de São Paulo, o volume de capital acumulado na agricultura que

A Economia Cafeeira

se dirige para a indústria não requer necessariamente, para cada iniciativa, que a participação do
fazendeiro-empresário se faça presente na direção da
empresa.

Há na linguagem da época uma categoria que
aparece com freqüência nas iniciativas empresariais,
públicas e privadas, que é a do "capitalista", assim
chamado. Nela, predominam fazendeiros enrique-
cidos que investem, muitas vezes, como acionistas,
em jornais, portos, ferrovias, companhias de seguro e
iluminação pública, bem como na usura. Neste último caso não são poucos aqueles que se retiram da
vida ativa, isto é, tendo acumulado considerável volume de capital, passam a viver dele, ficando assim
difícil localizá-los no tradicional sistema de produção.

É preciso considerar, ainda, que o desdobramento da *facies* empresarial se dá em vários sentidos
entre os setores, *i. e.*, há os fazendeiros que passam a
ser industriais e aqueles que, sendo industriais, não
deixam de ser fazendeiros. Há também os industriais
que passam a ser fazendeiros, como há os que, após
terem se transferido de um setor para outro, voltam
ao setor anterior. Isto é válido também em relação ao
comércio.

O conhecimento acumulado sobre o relacionamento desses setores oferece, entre outras, pelo menos três teses fundamentais que propõem defini-lo
como de *oposição*, *integração* ou *contradição* dentro
das relações capitalistas de produção.

A primeira descreve uma relação conflituosa,

através da qual os tímidos avanços da indústria só tiveram lugar nos momentos de crise do café, o que significa dizer que nesses momentos é que os fazendeiros desviavam seus investimentos para o setor manufatureiro e industrial.

A cafeicultura em crise conjuntural liberava portanto capitais, direta ou indiretamente, para a indústria. Claro que enunciada dessa maneira, a tese é bastante deficiente, pois, como se sabe, um processo de industrialização não se faz só com capital.

Mas essa tese não se contém ao nível da instância econômica; atinge a superestrutura e coloca em confronto uma ideologia agrária *com* uma ideologia industrial, que teria praticamente atravessado o século XIX.

Naturalmente, decorreriam daí práticas políticas e estratégicas econômicas que constituem uma linha que desde então, ou até mesmo desde a Colônia, atravessou nossa história, até hoje.

Para reforçar essa colocação, a sua elaboração conta com o peso de uma tradição de nossa "vocação agrária", bem trabalhada ao longo dos séculos pela ideologia do colonizador, e com a crítica ao artificialismo das indústrias, sempre dependentes do protecionismo do Estado, fabricando produtos mais caros que os estrangeiros e de inferior qualidade. Enquanto que os industriais refutavam que o Brasil se engolfava em crises contínuas de sua economia, por justamente depender quase que exclusivamente de um produto único, de sobremesa, fortemente sujeito às oscilações do tempo e dos preços.

A Economia Cafeeira

Nessa proposição, como mencionamos, a ideologia que defendia o café contava com poderoso aliado, representado pelo alto comércio de importação e exportação, para o qual não interessaria um processo de industrialização local afetando a importação de manufaturados que alimentava todo um lucrativo ciclo de comercialização.

Essa cadeia ia do importador ao fazendeiro, passando pelos agentes intermediários, como o comissário. O resultado foi evidente, o café levou a melhor e a industrialização no século XIX não ultrapassou acanhados níveis, apesar de sua dimensão nacionalista, trabalhada por Nícia Vilela Luz em texto pioneiro.

Assim, a política econômica do Estado debateu-se na segunda metade do século XIX e Primeira República com este dilema: agricultura e/ou indústria?

Embora explicitada nos pronunciamentos das duas frações de classe — fazendeiros e industriais — e de seus representantes no Parlamento, essa polêmica perdeu um pouco da certa e aparente lógica que continha, com as pesquisas de Warren Dean que vieram demonstrar que o setor do comércio de importação e exportação constituiu antes fator de viabilização da indústria, uma vez que permitiu o desenvolvimento de práticas e conhecimentos comerciais e empresariais decisivos para seu bom desempenho, não sendo poucos os capitães-de-indústria que vieram do comércio, o que equivaleria a reconhecer aí uma vertente da formação da burguesia industrial.

A segunda tese, trabalhando com a noção de "complexo econômico", explora exatamente um processo de integração que teria ocorrido entre o café, os transportes, o comércio e a indústria, conforme o estudo de Wilson Cano.

Uma terceira tese, mais elaborada teoricamente, é a de Sérgio Silva, que procura superar tanto a colocação que situa o café e a indústria como pólos opostos, quanto a que os identifica como uma tranqüila articulação.

Dessa maneira, demonstra que se não constituem pólos contrários, tampouco há uma identificação linear entre ambos. Constituem partes que integram o processo de acumulação de capitais, que então adquire novas formas e padrões, o que não impede divergências e conflitos de interesses entre ambos os setores.

As contradições de interesses se pronunciam tanto entre os setores econômicos — cafeicultura, comércio e indústria — quanto entre as frações da burguesia que detêm os meios de produção — fazendeiros, comerciantes e industriais — cujas efêmeras alianças contribuíram também para a lentidão e as soluções de continuidade no processo de industrialização.

Embora destaque a parcela ponderável do capital comercial na industrialização, esse autor aponta a intensidade e as contradições que caracterizam as relações entre cafeicultura e indústria.

* * *

A Economia Cafeeira

"O café levou a melhor e a industrialização no séc. XIX não ultrapassou acanhados níveis".

A discussão que acabamos de empreender não nos impede de chamar a atenção para a importância que o café assume para o nosso desenvolvimento econômico, transcendendo e muito ao setor primário-exportador. A essa dinâmica não são absolutamente indiferentes nem o comércio, nem a indústria, tampouco o mercado de trabalho, a captação de divisas, etc. Para a distribuição desta, beneficiando os outros setores, a política fiscal representa um dos mecanismos de porte, que injeta as receitas do café para financiamento do desenvolvimento da economia e da sociedade.

O que se pode reconhecer como o oeste e o norte geográficos do Estado de São Paulo começam a ser embrenhados por criadores, geralmente procedentes de Minas Gerais, ainda no século XIX, mas será realmente no século XX que se dará a expansão cafeeira nessa área. Em 1920 São Paulo possuía 21 341 fazendas.

O esgotamento do solo, provocado pelo desmatamento e queimadas sem qualquer preocupação de adubagem, sequer de aproveitamento dos detritos vegetais, contribuindo para extinguir a reserva de matéria orgânica, levou uma média de meio século para cada região anterior, após o que a produtividade foi acentuadamente caindo, bem como, por outro lado, as conjunturas favoráveis irão sendo responsáveis pelo deslocamento da fronteira do café para novas direções, em largas faixas de terra, geralmente tendo como divisores naturais os rios e recebendo os nomes das ferrovias de que são tributárias

(1912/1929).

Sofrendo o resultado do avanço das frentes de expansão, novos solos vão sendo ocupados pelo café. A Alta Mogiana, por exemplo, polarizada pela cidade de Ribeirão Preto, o chamado Oeste Novo, oferece um tipo de solo extremamente favorável ao café, capaz de permitir a excepcional produtividade de 350 arrobas por 1 000 pés, tornando-se mesmo, em determinado período, o maior centro produtor do estado.

Dessa maneira, essa que é a maior área de São Paulo, e que no primeiro quartel do século XX era considerada desconhecida nos mapas, ainda ocupada por índios, vai sendo devassada com relativa rapidez. Foram-se emparelhando as regiões ocupadas: Alta Mogiana (Companhia Mogiana de Estradas de Ferro), Alta Araraquarense (Companhia de Estradas de Ferro Araraquara), Alta Paulista (Companhia Paulista de Estradas de Ferro), Alta Sorocabana (Companhia Sorocabana de Estradas de Ferro).

Há como que uma partilha dessa área entre as grandes ferrovias, que marcaram o empreendimento capitalista, caracterizador desse desdobramento da expansão cafeeira.

O avanço dos cafezais e o povoamento dirigiram-se para os espigões, isto é, as partes elevadas desses planaltos, onde eram mais freqüentes as manchas de terra roxa, ao mesmo tempo que ficavam menos sujeitas às geadas, que constituem o grande inimigo natural do café, pois uma fina camada de gelo que se forma com a queda brusca da temperatura queima as plantas. A prevenção e a proteção em relação às geadas envolve inúmeros cuidados, que vão desde a localização das plantas até a nebulização artificial da atmosfera, feita na mesma noite em que ocorre a geada.

Os espigões eram ainda mais saudáveis do que os vales, onde se localizavam as invernadas, enquanto que, por sua vez, as margens dos riachos ofereciam bons terrenos para hortas e pomares.

Foi também decisivo o fato de essas partes mais elevadas oferecerem melhores condições para a construção de rodovias e ferrovias, que se localizaram assim no alto, permitindo rápido escoamento da produção, bem como a circulação de homens, animais, máquinas e mercadorias em geral.

As transformações impositivas do sistema capitalista vão cadenciando esse movimento, que reclama novas áreas fornecedoras de produtos coloniais. A fronteira avança removendo, extinguindo ou simplesmente incorporando tudo quanto possa obstaculizar seu desenvolvimento. Um empreendimento capitalista que muitas vezes é planejado desde a venda do lote de terra até a planta das cidades.

As formas capitalistas que assume o desenvolvimento da economia cafeeira têm um dos exemplos mais acabados no loteamento das grandes glebas por companhias imobiliárias, sobretudo a partir de 1930.

Esses empreendimentos promoverão certas alterações substantivas na evolução da estrutura fundiária, que havia tido secular e quase invariável seguimento, marcado por uma seqüência, na qual se dava

A Economia Cafeeira

primeiro a ocupação de grandes glebas que dão lugar, por sua vez, aos latifúndios cafeeiros, trabalhados pelo plantel de escravos ou pelos colonos estrangeiros.

Em seguida, na medida do esgotamento do solo, ocorria o fracionamento da grande propriedade que oportunizará aos colonos, detentores de alguma poupança, o acesso à condição de pequenos proprietários. Portanto, em tese, só era possível tornar-se proprietário, na colonização espontânea, quando o café entrava em crise ou então na época de expansão, mas sempre em terras menos próprias ao seu cultivo, desde que neste caso os fazendeiros encontrassem formas de apropriação do excedente de trabalho, agora não mais dos colonos, mas dos pequenos proprietários, habitantes ou não dos núcleos coloniais.

Assim, na colonização espontânea inicial, a emergência da pequena propriedade se dá pela decadência e fracionamento da terra, enquanto que na colonização dirigida dá-se de forma precedente, chegando mesmo a dar origem à futura grande propriedade com intenso cultivo do café.

Como os sitiantes mantinham sempre sua horta, pomar e pasto, asseguravam sua subsistência e também a das grandes fazendas, enquanto que para estas podiam ainda oferecer nas épocas de colheita um sobretrabalho.

Desta última forma foi um passo para se consorciarem os interesses capitalistas no sentido de assegurar a produção cafeeira para os mercados externos, através de uma rede de pequenos produtores, aos quais foi facilitada a venda da terra.

Para estes, o investimento em terras representava a maior parte do capital aplicado e transformava assim a terra no bem maior.

Por outro lado, a separação da produção, do beneficiamento e o surgimento de nova intermediação na comercialização, dado que os grandes fazendeiros compram e/ou beneficiam as safras dos pequenos produtores, implicaram certa divisão do trabalho e novas vinculações entre essas categorias envolvidas num mesmo processo.

Nos grandes e médios estabelecimentos agrícolas, onde predomina a exploração empresarial, cresce a proporção em investimentos em edifícios, benfeitorias, etc. (*capital fixo*), implementos, máquinas, veículos, animais de trabalho, equipamentos diversos, etc. (*capital semifixo*), além das despesas com a produção propriamente dita, como mão-de-obra, insumos, etc. (*capital circulante*).

A estrutura agrária inicial, que resultou do planejamento (loteamento), terá invariavelmente duração limitada.

Apresenta-se então novo contexto. Aos mercados externos, não fazia diferença que a produção estivesse nas mãos de grandes ou pequenos proprietários. O que importava era uma produção em grande escala, o que se conseguia mesmo com pequenas propriedades, pela intermediação dos comissários e beneficiadores que podiam adquirir pequenas e vender grandes partidas de café.

Em certas áreas, particularmente do Paraná,

A Economia Cafeeira

verificou-se que a monocultura cafeeira se expande pela rede de pequenas propriedades, deixando assim de caracterizar apenas o latifúndio. Essa ocorrência estava estreitamente ligada, em sua expansão ou retração, à curva de preços, conforme a pesquisa de Nair Apparecida Cancian.

As curvas de produção e de preços do café como resposta à demanda do mercado oferecem certa especificidade em relação a outros produtos. O que acontece geralmente é que, entre o alcance da demanda e a elasticidade da oferta, normalmente decorre um lapso relativamente curto, não excedendo geralmente a um ano, tempo suficiente para acionar maior produção e/ou produtividade.

Em relação ao café há duas possibilidades principais de resposta à procura: disponibilidade do estoque ou aumento da produção. No primeiro caso, o processo pode ser rápido, mas no segundo há o período de carência da planta nova, de só produzir a partir do 3º ano, o que naturalmente implica reconhecer que uma alta de preços por pressão da demanda não possa permanecer até que a oferta venha a corresponder-lhe.

Dessa maneira, o "ciclo" econômico do café é caracterizado pela alta dos preços devido à demanda e ao abaixamento do nível dos estoques. Segue-se naturalmente a expansão do plantio, e quatro anos depois o aumento da oferta, quando então se fecha o ciclo, com a queda dos preços e a conseqüente retração da lavoura.

Ao lado da chamada pequena produção de cereais (subsistência) há, como já vimos, o mesmo tipo em relação ao próprio café.

A viabilização dessa pequena produção torna-se possível graças a uma economia familial, com pouco dispêndio de mão-de-obra, o mínimo de edifícios necessários (paiol, tulha de café, etc.), baixos custos de produção, moradia em choupanas de pau-a-pique, com pasto e terreiro, mangueiras para criação de porcos, horta, pomar, e com o esforço de trabalho integral, promovendo, com seus próprios recursos, a derrubada da mata, da qual tira também proveito com a venda da madeira de lei, despojada de aparelhamento ou máquinas de beneficiamento.

A subsistência era ainda assegurada na própria pequena propriedade. Dessa maneira, para esses lavradores a margem pequena de lucro (que era desprezível para o fazendeiro) era interessante, acabando mesmo, através da rígida poupança, por levá-los à compra de novos lotes.

A política de colonização dirigida que o Estado do Paraná adotou teve, assim, na pequena propriedade a sua grande opção, pois nesse contexto os custos de produção da grande propriedade a oneravam sobremaneira.

As propriedades de produção do café são classificadas, conforme a sua exploração, da seguinte maneira:

— *grandes*, com mais de 100 000 covas/propriedade;
— *médias*, de 20 000 a 100 000 covas/proprie-

dade;
— *pequenas*, até 20 000 covas/propriedade.

A pequena produção, quer a cafeeira, quer a de subsistência, era e é feita com métodos arcaicos, podendo ser considerada ainda pequena a penetração de técnicas mais modernas, via assistência agrícola por parte do governo.

Numa economia de mercado, na qual a terra — como mercadoria — adquire valor inclusive de especulação, a pequena acumulação dos colonos e as facilidades de financiamento atendem, portanto, a mais de um interesse do capital, para o que também não deixa de confluir o interesse do Estado, cujos impostos de transferência chegam a render tanto quanto a produção agrícola. O financiamento para aquisição de pequenos lotes compromete as futuras colheitas, através das quais o camponês atenderia o parcelamento de sua dívida para com grandes empresas de colonização.

Assim é que foram constituídas poderosas companhias imobiliárias, a maioria de capital nacional, para negócios de terras, que se tornavam atraentes a ponto de incorporarem também, diretamente, capital inglês, como no norte do Paraná (Companhia de Terras Norte do Paraná) ou japonês, em São Paulo.

A origem dos capitais mobilizados pelos incorporadores, que precisavam de financiamento para suas empresas, parece ter sido variada, isto é, bancária, comercial, industrial e agrária, nacional e estrangeira. Essas companhias promovem seus loteamentos e trabalham com escritórios e corretores.

A colonização reestrutura-se, pois as imobiliárias atendem da melhor forma os condicionamentos geográficos (condições naturais) e econômicos (mercado). No Paraná, em especial, os primeiros foram muito respeitados, dadas as diferenças de clima que determinavam bem as áreas cafeeiras, portanto aquelas imunes às geadas.

Outro importante fator a ser considerado nessa fase da expansão cafeeira é o da rede urbana. O fato urbano nas etapas anteriores é sempre espontâneo (Vale do Paraíba e Oeste Velho de São Paulo), mas agora se liga à racionalidade dos empreendimentos, sendo mesmo planejado; o seu *sítio* é escolhido e estabelecida a estrutura, em boa parte, em função do complexo cafeeiro. É preciso montar toda uma infra-estrutura viária, manufatureira, creditícia, comercial e de serviços em geral, para viabilizar o projeto de recrutamento dos pequenos proprietários. Assim, a cidade surge como pré-requisito para a colonização, oferecendo armazenamento, máquinas para beneficiar e classificar o café, descaroçar o algodão e descascar o arroz, despacho, compradores e bancos, comércio subsidiário, etc. Completa-se o equipamento urbano com a igreja, escola, farmácia, assistência médica, centros de lazer, repartições públicas, etc. A cidade insere-se, assim, numa estrutura agrária planejada.

Essas cidades, que geralmente tiveram uma primeira e rápida fase de progresso, distribuem-se nos espigões, ao longo do leito das vias férreas.

A Economia Cafeeira

As relações sociais de produção se fazem, nas grandes fazendas, através do colonato, arrendamento em espécie ou assalariamento. E também pela propriedade direta do colono, que, com sua rígida poupança, como dissemos, e com o trabalho integral de toda a família, e ainda quase sempre se endividando, logra tornar-se camponês.

A partilha da terra foi feita (1880 a 1920), geralmente, como já se afirmou, através de um processo espontâneo nos momentos preliminares do povoamento, sempre que possível voltada para a rede hidrográfica (rios, ribeirões e córregos), que riscava a área.

As aquisições por compra predominam, sendo presente, ao longo do processo, certa especulação imobiliária, *i. e.*, adquirir a terra para transacioná-la, mais tarde, valorizada, sem que isso implique sua exploração e cultivo.

Nesse sentido, as crises mais prolongadas ou intensas, como a de 1929, contribuíram para alterar as formas de ocupação do solo e mesmo a estrutura fundiária. Foi visível a fragmentação das grandes propriedades, surgindo em seu lugar os sítios, localizados nos vales e terras menos próprias ao café, pois os fazendeiros que conseguiam reter parte da propriedade o faziam em relação àquelas terras mais apropriadas ao seu cultivo.

Com a crise, muitos fazendeiros deixavam de produzir café, vendendo a propriedade ou sendo obrigados a entregá-la aos credores.

Nessa época desenvolve-se nos sítios a cultura do

algodão, favorecida pela conjuntura. Ainda nos sítios trabalham os proprietários (família dos sitiantes) e os meeiros (colonos que plantam em terreno alheio, repartindo a colheita com o dono da terra).

A posse e propriedade dessas terras pelos cafeicultores fez-se com não pequenas dificuldades. As chamadas terras devolutas praticamente inexistiam. Regiões muito pouco conhecidas ofereciam aos seus povoadores complicados processos de legitimação jurídica da propriedade. Assim, em torno de títulos e limites dessas terras, reivindicados por mais de um proprietário, arrastavam-se intermináveis contendas.

A terra como fator de produção foi-se valorizando, passando a ser, como vimos, objeto de especulação. Tornava-se uma mercadoria. É o que hoje se chama de "terra de negócio" em oposição a "terra de trabalho".

Temos nos limitado, neste processo de ocupação e transformações, a demonstrá-lo mais ao nível de um fator de produção: a terra. Entretanto, é preciso atentar para as alterações sociais, culturais, políticas e mentais que o integram e que se assentam numa base de relativa estabilidade que preside contratos e relações de trabalho, regime e domínio político, tensões sociais, etc.

Dessa maneira, vão-se cristalizando, em cada região que vai sendo devassada pelo café, novos costumes, valores e "visões do universo". Para os estilos de vida que se traçam, particularmente no palco urbano, a estrada de ferro desempenhará duplo papel: 1) de modernização, escoando a produção

A Economia Cafeeira

cafeeira mais rapidamente, com mais segurança e fretes módicos, e de torna-viagem, assegurando o suprimento de cereais e manufaturas, estas particularmente européias e norte-americanas, atendendo à demanda de um mercado consumidor em expansão; 2) contribuindo entretanto para o retardamento do parque manufatureiro nacional (dependência externa).

As unidades básicas da organização da produção cafeeira — as grandes fazendas — refletem, nos exemplares que foram preservados até hoje, um estilo de vida que então se sedimentava no lento processo de modernização da lavoura e da sociedade rural.

A morada das fazendas era espaçosa e com o tempo foi ganhando todo o conforto, mas não demorará a ir deixando de ser residência permanente, para se tornar periódica e temporária para os seus proprietários absenteístas. Numa certa fase, os fazendeiros das zonas velhas, onde mais permaneciam, é que se hospedavam em suas sedes das zonas novas, e, em outra fase posterior, trocavam a fazenda pela cidade, onde os serviços e o lazer e, mais tarde, as necessidades empresariais dos próprios negócios, os prendiam mais.

Nas fazendas, a arquitetura das casas — do material utilizado às técnicas, estilos e soluções de construção e aproveitamento e distribuição do espaço —, o mobiliário, o predomínio das áreas de lazer, a decoração e os utensílios emolduram a vida que se levava nos então ermos do Estado de São Paulo.

Grosso modo, acompanhamos o itinerário do café, com essas descrições, através dos Estados do Rio de Janeiro e São Paulo.

Embora a sua penetração no Paraná tenha possivelmente sido iniciada entre 1850 e 1860, com sementes vindas de São Paulo, trazidas por lavradores de Minas Gerais e, a seguir, paulistas, a expansão só teve lugar a partir deste século.

Nessa área pode-se afirmar que o café conhecerá o terceiro grande momento de sua história, que pode ser demarcado pelas conjunturas favoráveis de preços, de 1906 a 1929 e de 1945 a 1960, sendo que, de 1949 a 1953, teremos os maiores índices de plantio, apesar das geadas desse ano e de 1955.

As curvas de preços têm entre os fatores que as determinam o volume das safras, o nível dos estoques e da demanda de consumidores e comerciantes, a política dos países interessados, etc. A influência desses fatores, bem como de outros mais imediatos e contingenciais (geadas, guerras, greves, etc.), não é sempre mecânica, seguindo as forças do mercado: oferta e procura. Já os preços internos são determinados por parâmetros como: custo da produção, estimativa da safra, renda gerada pelo café e nível do saldo líquido da conta, sendo que no Brasil a política adota a desvinculação entre os preços internos e os internacionais, estabelecendo, inclusive, um preço mínimo de garantia.

A crise de 1929 perdurará e, aliada a outros fatores como a II Guerra Mundial, pode-se reconhecer que vai até 1944. Nesse período, com a perma-

A Economia Cafeeira 53

nência da superprodução, o governo, em pouco mais de uma década, promoveu a queima de 78 milhões de sacas. Foi o período de crise mais grave e prolongada que sofreu a lavoura cafeeira.

A grande produção atingirá sucessivamente o Norte do Paraná, que não demorará a ser denominado Norte Velho ou Norte Pioneiro (1904-1929), o Norte Novo (1930-1945) e a seguir o Norte Novíssimo (1940-1960) e Extremo Oeste (1960-   ) até a fronteira com o Paraguai e Mato Grosso do Sul.

O Paraná em 1960 era responsável por quase um terço da produção mundial, metade da produção brasileira, quase o dobro da produção af cana e três vezes a produção colombiana.

A ocupação e a colonização das áreas a que nos referimos far-se-ão num grande projeto marcadamente capitalista, ao qual convergem interesses estaduais, federais e estrangeiros.

Se a demanda externa justificou essa expansão, ela foi viabilizada também pelas condições naturais, com terras muito férteis, clima tropical chuvoso no verão e seco no inverno, com o relevo se apresentando em planaltos de 800 a 1 000 metros, que vão baixando à medida que se aproximam do vale do rio Paraná, para onde se direcionaram os cafezais de São Paulo. Apesar dessas condições favoráveis, eram áreas mais expostas ao frio, fazendo com que a natureza do solo se nivelasse ao clima na delimitação das áreas cafeeiras.

Esse processo de expansão envolvia interesses que nem sempre coincidiram com os dos demais estados, chegando ao ponto, por exemplo, com relação a São Paulo, de este estado proibir o plantio e o replantio (1906), enquanto o Paraná os incentivava.

Durante boa parte do tempo que tratamos, ao contrário de São Paulo, o índice de absenteísmo dos fazendeiros do Paraná era irrelevante, sendo que o Censo Agrícola de 1920 deu 93,9% das propriedades como sendo geridas pelos proprietários, o que, em outras palavras, significa o peso ponderável de pequenas e médias propriedades.

Como vimos, o dimensionamento da expansão do parque cafeeiro fez-se ao longo de nossa história diretamente, com a simples incorporação de novas áreas de plantio, com terras ainda não cultivadas.

Entretanto, nas últimas décadas a escassez de terras e a expansão de outras culturas fez cessar praticamente o avanço dessas fronteiras móveis para o café.

Dessa maneira, consegue-se também maior volume de produção devido ao aumento do número de pés de café em velhas áreas de São Paulo e Minas Gerais e em áreas mais novas dos estados considerados pequenos produtores.

O estímulo dos preços e a política econômica favorável do governo, no que se incluem os programas de renovação e revigoramento dos cafezais, têm logrado níveis razoáveis de produtividade no replantio.

Para se computar essa expansão faz-se necessário ainda descontar a desativação dos cafezais devido a sua idade, esgotamento do solo e geadas.

Só assim podemos compreender o emprego de expressões como *crescimento* ou *expansão* da lavoura cafeeira em nossos dias. Trata-se de cíclicas dilatações de áreas já cultivadas que se beneficiam de conjunturas favoráveis em detrimento de outras culturas. Estas, por sua vez, conquistam áreas ao café nas conjunturas que a este são desfavoráveis.

DA SEMENTE À XÍCARA

"Quedê o sertão daqui?
Lavrador derrubou.

Quedê o lavrador?
Está plantando café.

Quedê o café?
Moça bebeu.

Mas a moça onde está?
Está em Paris.

Moça feliz!"

(Cassiano Ricardo, **Moça tomando café.**)

A unidade de produção

Já registramos que o solo mais favorável ao café
passou a ser conhecido no Brasil com a denominação

A Economia Cafeeira

de *terra roxa*. Trata-se de uma terra vermelho-escura, resultante da decomposição de lençóis de rochas efusivas basálticas, profunda e permeável.

De origem vulcânica, contém esse solo proporção de óxido de ferro capaz de aumentar sua porosidade, facilitando a penetração e circulação da água, além de permitir maior desenvolvimento das raízes, que vão dispor assim de alimento em maior volume de terra. A sua cor escura retém melhor o calor, isto é, a temperatura do solo, resultante da energia solar, do teor de matéria orgânica e da umidade, que por sua vez constitui poderoso agente para os fenômenos químicos e bacteriológicos que se realizam no solo, beneficiando a alimentação das plantas.

A conservação e preparo do solo inclui as capinas manuais e mecânicas, a "esparramação". No solo, ainda são tomados em consideração seu volume, disposição das raízes, faculdade de armazenar água, reter nutrientes em estado disponível.

As plantas de café cultivadas no Brasil são várias, mas todas provenientes da *Coffea Arabica L.* O fruto do café apresenta-se verde e duro. Quando maduro torna-se vermelho ("cereja") ou amarelo, e, secando, escurece.

O concurso das modernas técnicas agrícolas é numeroso: plantação em curvas de nível, para evitar a erosão; sombreamento ou não; irrigação artificial; todas consorciadas com a recuperação dos solos, o combate biológico e químico às pragas, como a broca, o bicho mineiro, as cochonilhas, as lagartas, os gafanhotos, entre inúmeras outras, bem como às doenças, como a ferrugem, a mancha-de-olho-pardo, etc. Embora o emprego de fertilizantes orgânicos, minerais, etc., "corretores" das deficiências da terra, além das "racionalizações" na organização da produção, objetivando diminuir os custos e alcançar maior produtividade, tenha promovido alterações ao nível empresarial, o ciclo da planta permaneceu o mesmo em grande parte, com a média de duração de vida útil de 40 anos.

Entretanto, entre uma região e outra daquelas que acompanhamos no capítulo anterior, dependendo das condições climáticas, há variações até mesmo na época da colheita.

Quanto ao plantio, é feito com sementes ou mudas, conservadas em viveiros, muitas vezes pertencentes à própria fazenda e cuja localização, material de construção, etc., obedecem orientação técnica. No viveiro, as sementes e mudas recebem cuidadoso trato cultural diário: mondas, regas, adubação, controle de pragas e doenças, aclimatação e seleção de mudas. Em setembro, com as primeiras chuvas, as mudas são levadas às covas adubadas. A partir daí inicia-se uma rotina de tratamento que acompanhará a planta ao longo do seu ciclo de vida: três a quatro carpas anuais; a "coroação" ou "arruação", isto é, a formação de uma coroa de terra em volta do pé, quando os frutos estão para amadurar, para impedir que os frutos que vão caindo por estarem secos se dispersem.

Na segunda metade do nosso século a mecanização no trato dos cafezais foi crescendo consideravelmente para atender à produção em grande escala, reduzindo custos e a dependência da mão-de-obra. Entretanto, persistem ainda várias dificuldades ligadas à topografia dos terrenos, às lavouras tradicionais e feitas de maneira inadequada, ao que se acresce a crise econômica e a elevação dos preços do combustível nos últimos anos, tornando a volta à tração animal um imperativo em certos casos.

A mecanização da cafeicultura compreende limpeza do terreno, conservação do solo, sulcamento para plantio, adubação, capina, roçamento, pulverização, arruamento, esparramação e colheita. Há equipamentos que numa só operação sulcam a terra, adubam e plantam.

Como planta que não devesse ser exposta permanentemente aos raios solares, o café exigia sombreamento, o que inclusive se fazia artificialmente com o ingazeiro, apesar da desvantagem de esta árvore se esgalhar muito, necessitando podas anuais dispendiosas. Entretanto, em nossos dias, as pesquisas e a evolução tecnológica no tratamento dos cafezais, desenvolvidas no Instituto Agronômico de Campinas, mostraram as desvantagens do sombreamento, dentre as quais se destaca o fato de retardar e prolongar a maturação.

No Brasil, passou a prevalecer a exposição permanente ao sol, o que permite inclusive maior produção por área, ou então a meia-sombra (metade sol, metade sombra).

Entre abril e maio dá-se o amadurecimento dos

frutos, normalmente, no período de 15 de junho a 15 de agosto, variando de região para região; durante a estação fria, desenvolvem-se os trabalhos da colheita, "coroação" ou "arruação", "varrição", "rastelação", "abanação", lavagem, secagem no terreiro, beneficiamento e, finalmente, ensacamento. É o período em que a planta "repousa". Assim, o período de vegetação e frutificação vai de setembro a maio; o florescimento se dá na primavera, a frutificação no verão e a maturação no outono.

A colheita propriamente mobiliza toda a força de trabalho disponível, por fazer-se em curto lapso de tempo, pois uma vez secos no pé, os frutos caem, sendo necessário então ajuntá-los e recolhê-los, antes das chuvas ou outras ocorrências prejudiciais.

Um dos processos tradicionais de colheita é a *derriça*, arrancamento com as mãos dos grãos presos a cada galho. Chama-se *derriça natural* deixar que o grão seco caia do pé sobre um pano que se coloca no chão com antecedência. Finalmente, *catação* é a colheita manual, grão a grão, que, embora mais demorada, seleciona melhor. A partir de colhedeiras de cerejas, foram feitas adaptações que permitiram a industrialização de colhedeiras mecânicas para o café, com resultados bastante satisfatórios.

Procedida a colheita, o café passa por um tratamento industrial que pode ser por "via seca" (no terreiro) e "via úmida" (nos lavadores).

A unidade de produção responsável pela economia cafeeira é a *fazenda*: um complexo de plantações uniformes, separadas por carreadores, terreiros de

A Economia Cafeeira

secagem, instalações específicas, benfeitorias e máquinas, direção e força de trabalho que basicamente permaneceu o mesmo ao longo da maior parte da história do café.

A evolução tecnológica absorvida pelo plantio, colheita, preparos, beneficiamento, acondicionamento, transporte interno e externo, armazenamento e comercialização do café, ainda que lenta, exigiu contudo adaptações e alterações no referido complexo, pois a introdução do arado, das grades para esterroar e aplanar a terra lavrada, das máquinas despolpadoras, dos ventiladores e separadores de café e outros variados implementos agrícolas reclamava serviços de conservação e reparo. Em nossos dias o cabedal tecnológico de que se serve um moderno fazendeiro de café, quase invariavelmente assistido pelo Instituto Brasileiro do Café, envolve desde a seleção genética, que toma em consideração a maior produtividade, resistência às pragas, condições naturais, etc., passando pela distribuição do espaço, número de sementes numa cova, plantação em curva de nível, adubação e irrigação próprias, qualidades e deficiências do solo, etc.

Já a transição do trabalho escravo para o trabalho livre, implicando modificações estruturais nas relações sociais de produção e nas forças produtivas, na verdade não alterou substantivamente a *paisagem* da fazenda, ainda que passasse a exigir um custeio maior, representado sobretudo pelas moradias e salários dos colonos, conforme demonstrou Delfim Neto. A distribuição e ocupação do espaço é feita em função da seqüência de tarefas especializadas, da circulação, habitação e lazer (jardins) dos moradores.

As diferentes operações que envolvem a produção exigiram um conjunto de edificações que sempre tendeu a dispor do espaço de maneira operacional em relação à organização do trabalho.

As descrições que fazemos não pretendem, evidentemente, apontar possíveis padronizações — no tempo e no espaço — do conjunto de edifícios de uma fazenda de café. O período estudado é muito longo e as regiões são diferentes, o que nos leva, quando muito, a reconhecer detalhes e constantes que acreditamos representativas na arquitetura rural — residencial e empresarial — das fazendas de café, particularmente no século XIX.

Condicionadas quase sempre à proximidade e acesso à água, para atender ao movimento da roda-d'água, acoplada à bateria de pilões para a lavagem do café e também para os serviços domésticos (sendo canalizada, quando não do poço), as edificações compunham um conglomerado, com destaque para a "casa da fazenda" — a sede —, solar que ficava geralmente um pouco distante e a cavaleiro das demais construções, sendo muitas vezes assobradado, quando a morada ficava apenas no nível superior, enquanto o de baixo reservava-se para atividades secundárias (escritório, depósitos, etc.).

Dispondo de bastante espaço, apresentava-se alpendrada na frente e às vezes dos lados. No Rio de Janeiro e em Minas Gerais, as casas-sedes tinham as paredes de pedra e pau-a-pique. Com o tempo, em

A Economia Cafeeira

Minas, essas construções passaram a ser de adobe e em São Paulo, de paredes de taipa. Já vão apresentando diferenças em relação às antigas habitações de engenhos, a que muitas vezes sucedem, como numerosas janelas costuradas nas paredes caiadas de branco, geralmente descortinando-se vista abrangente e agradável.

Como material básico de construção, a alvenaria acabou predominando, empregando-se assim tijolos e telhas, já em nosso século.

As paredes internas eram ornadas com gravuras e quadros, sendo a decoração completada com espelhos, candelabros de prata, lustres e mobiliário trabalhado, com muitas peças de procedência estrangeira, cristais, tapeçarias, porcelanas de Sèvres, que com o tempo foram substituindo as de fabricação local, mais rústicas. Um piano conquistou um canto da sala.

Aprestava-se assim a comunidade rural para uma vida social ritmada pelos noivados, casamentos, batizados, aniversários, quando tinham lugar as reuniões festivas, com grandes comezainas, música e bailes (dançava-se a polca, a mazurca, o xote ou o miudinho), que podiam desdobrar-se em pescarias e caçadas, em cavalhadas, fogueiras e foguetórios. No terreiro, nessas ocasiões, a escravaria dançava o jongo ao redor das fogueiras, enquanto os caipiras divertiam-se com o cateretê, o arrasta-pé, o corta-jaca, etc.

As descrições que nos ficaram da sociedade cafeeira, tanto no Vale do Paraíba quanto no Oeste de

São Paulo, atestam a prodigalidade do viver em meio à criadagem em enormes salões, sendo servido com baixelas de prata, porcelanas e cristais.

A repartição interna dessas casas procurava responder ao estilo de vida dos seus moradores. Assim, depois do terraço havia as salas sociais (de espera e de visitas). Para as refeições, além de uma sala comum (varanda), havia também os salões, reservados para as grandes festas. Esses cômodos ficavam mais para os fundos. Na fachada posterior, embaixo, havia compartimentos diversos: cozinha, despensa, etc.

Os quartos, alcovas e camarinhas mostravam-se deficientes em ventilação e iluminação direta, bem como em higiene. Eram acanhados e escuros; em grande número, anexos às salas e salões, mas no lanço intermediário da casa. Algumas fazendas possuíam mais de uma casa-grande, pois, uma vez enriquecido, o fazendeiro fazia reformas ou acabava por construir uma segunda casa.

Durante o período a que nos referimos — séculos XIX e XX, até a I República — a organização do espaço interno dessas casas sofreu alguma influência modernizadora depois da chegada das ferrovias. No segundo quartel do século XIX vão sendo introduzidos a grade de ferro e o vidro.

A manipulação do café, seguindo as diferentes fases do tratamento, quando na fazenda, sofreu algum aperfeiçoamento tecnológico. Com o tempo, um edifício específico (a "casa das máquinas") foi reservado a abrigar as máquinas destinadas ao beneficia-

A Economia Cafeeira

"Um piano conquistou um canto da sala".

mento, isto é, à separação do grão de café de sua polpa já seca. No início era um simples galpão, pois o engenho beneficiador era tão-somente o pilão. Quando se passou à utilização do monjolo, a construção desse edifício devia ser feita próximo à água, aproveitando, inclusive, o desnível do terreno. As soluções mecânicas serão sobretudo trazidas pelas estradas de ferro. Hoje, as máquinas de benefício formam um complexo de peças que incluem o rebenefício e a padronização.

O terreiro, primitivamente de terra batida, depois revestido de pedra, ladrilho ou tijolo, cimento ou asfalto, é um espaço, de 4 a 5 mil metros quadrados, indefectível nas fazendas de café, e destina-se à secagem dos frutos. É construído em topografia plana, em nível inferior ao das instalações de recepção e preparo do café e em nível superior ao das instalações de armazenamento e beneficiamento. Deve ficar bem exposto ao sol. A secagem faz-se hoje em dia também por meio de processos mecânicos, com energia solar.

A partir de 1855, o complexo de máquinas é mais volumoso, exigindo então mais edificações e ocupando, portanto, maiores espaços. A disposição desses edifícios era feita de modo a permitir a circulação do café de um local para outro do seu beneficiamento através do simples desnível do terreno.

Enquanto perdurou o regime de trabalho escravo, a edificação destinada à sua moradia era a senzala, conjunto de edifícios ou um só edifício, que se localizava à vista do fazendeiro.

Geralmente repartida numa sucessão de cubí-

A Economia Cafeeira

culos, eventualmente com divisão interna, quando abrigava famílias de escravos, a senzala era um recinto fechado, formando os três lados de um quadrado, sendo o quarto lado constituído por alto muro, tendo no centro um único e grande portão de entrada, fechado com enorme chave. Era construção coletiva que respondia às necessidades de agrupar e controlar dezenas de pessoas.

No meio do grande quadrado erguia-se normalmente um chafariz. O edifício era coberto de telhas, sendo o telhado corrido, num só nível. Alguns exemplares possuíam alpendre sustentado por balaústres de madeira. O piso, de terra batida, não tinha assoalho. Para os escravos casados reservavam-se junto à senzala, ou desta fazendo parte, estreitos cubículos sem janelas. Os homens e mulheres solteiros viviam em compartimentos sem divisões, separados por sexo.

Muitas fazendas houve que possuíam capela, tendo ou não seu próprio capelão, e eram freqüentadas por preceptoras estrangeiras que ensinavam piano, canto, costura e mesmo dança e equitação para as moças. Para os filhos homens, professores davam aulas particulares. Os médicos da cidade completavam os serviços do farmacêutico, para os casos mais graves.

Com a complexidade dos trabalhos e mais tarde com o absenteísmo dos fazendeiros, exigiu-se um administrador, cujas funções foram-se tornando maiores e de mais responsabilidade. Ao administrador, que morava em casa próxima à sede, competia distribuir, orientar e fiscalizar o trabalho do colono, recebendo salários e/ou participação nos lucros.

Dependendo do tamanho da fazenda, do número de pessoas que lá viviam, do seu distanciamento dos centros urbanos, da riqueza do proprietário, muitas outras edificações distribuíam-se pela propriedade, geralmente num conglomerado. Assim, por exemplo, as *tulhas*, edifícios grandes, revestidos de madeira, onde o café em coco ou pergaminho aguarda o transporte e beneficiamento, que podem também servir de celeiro, para guarda de mantimentos, sendo construídas em terreno inclinado, para facilitar a saída do café por gravidade. Cada tulha armazena cafés de diferentes origens e qualidades.

As fazendas maiores possuíam sua enfermaria e botica, com largo emprego de medicina rústica.

Um quadro de profissionais qualificados, como boticário, sapateiro, serralheiro, mecânico, colchoeiro, alfaiate, barbeiro, parteira, seleiro e ferreiro, atendia à comunidade. Esses profissionais, muitos escravos, ofereciam o suporte dos seus serviços, artesanato e manufatura, para suprir as necessidades, em termos, por exemplo, de cera, sebo, mel de abelhas, linha, tecidos de algodão e lã de carneiro, mantas, cobertores, japonas, meias e rendas, fumo, farinhas, artefatos de couro, etc., que eram confeccionados no local.

Ao longo dos cursos d'água havia usinas de açúcar, alambiques, tonéis, moinho de fubá, serraria, incluindo marcenaria e carpintaria.

A ferraria para os animais, a forja, para confecção de foices e facas, ficavam geralmente num galpão. Em cômodos, ranchos ou simples galpões ficavam também os arreios, cangas, cordas, ferramentas, etc. No *paiol* é que se depositava o milho, tanto para as criações, quanto aquele que era destinado à farinha de milho para os escravos e para consumo da família do fazendeiro, e mais tarde dos colonos. Outros cereais destinados ao abastecimento da fazenda, como feijão, arroz, etc., eram aí guardados.

Com o trabalho livre e a conseqüente comercialização do excedente da subsistência e/ou importação de cereais e manufaturas de fora, as fazendas passaram a ter a *venda*, recinto onde se conservavam, expunham e vendiam mantimentos, tecidos e toda uma variedade de utensílios domésticos, que os colonos adquiriam a crédito. Nas sedes assobradadas a venda muitas vezes ficava embaixo e na frente.

Desse conjunto de edificações faziam parte ainda o galpão para os arreios da montaria, a rancharia para as tropas, os estábulos, as cocheiras e os currais para os animais, particularmente para as vacas leiteiras, e o chiqueirão e a ceva para os suínos. Para atendimento das necessidades da população que se concentrava nas grandes fazendas, reservava-se toda uma série de compartimentos ou prédios para a prestação de serviços, que contava com profissionais especializados: sapateiros, carpinteiros e marceneiros, alfaiates, ferreiros, dentistas, barbeiros, farmacêuticos e enfermeiros, aplicadores de bichas e ventosas.

A introdução do trabalho livre substituiria a senzala pela *colônia*: um correr de quinze a vinte casas próximas à casa-grande, com quintais terminando quase sempre em um riacho. Casas geminadas, devido à economia de material, tendo porta e janela na frente. Eram sempre iguais e alinhadas, possuindo dois ou três cômodos. Não tinham forro, sendo o chão de tijolos ou terra batida. Conforme a expansão cafeeira, os conhecimentos técnicos trazidos pelos imigrantes e uma certa mudança no estilo de vida dos colonos, essas construções sofreram alguma modificação.

Nas últimas décadas, embora precária a extensão da legislação trabalhista ao campo, foi, entretanto, suficiente para precipitar a expulsão dos antigos colonos das fazendas, a fim de que os fazendeiros se desvencilhassem dos seus encargos.

Dessa maneira, os trabalhadores rurais dirigiram-se para as cidades, onde foram engrossar as favelas, na periferia, tornando-se dependentes de novas formas de trabalho, que lhes asseguram remuneração, geralmente, apenas nos dias em que trabalham. São os "bóias-frias", trabalhadores volantes que em certas áreas chegam a predominar na produção cafeeira. Em determinados pontos das cidades ou vilas os donos de caminhões recrutam esses trabalhadores, encarregando-se de transportá-los na ida-e-volta para a fazenda. Os volantes são contratados, assim, pelo dono do caminhão (capataz), que é quem recebe do fazendeiro e lhes paga as diárias.

Com o tempo e o advento das estradas de ferro, as edificações destinadas aos animais foram diminuindo, pois os caminhões e os tratores exigem outros tipos de edifícios (garagens e galpões).

Velhos relatos sobre as fazendas de café mostram poucas diferenças entre as do Vale do Paraíba e as do Oeste de São Paulo. Assim, no Rio de Janeiro o latifúndio guardou muito, nos primeiros tempos, do antigo engenho de açúcar, formando uma unidade fechada, auto-suficiente. Nessa época fazendeiros havia que se vangloriavam de só precisar comprar sal, ferro, pólvora e chumbo.

Já em São Paulo, a rotina rural era quebrada pelas relações com as cidades. A terra foi deixando de ser o pequeno mundo do fazendeiro, tornou-se apenas uma fonte de renda, ao mesmo tempo que recebia um tratamento agrícola mais moderno, o que também se dava com o processo de beneficiamento, como temos registrado.

Como testemunhos das épocas de fastígio, tanto no Vale quanto no Oeste restam até hoje, sobretudo no meio urbano, construções solarengas que serviam para a vilegiatura ou morada permanente dos ricos fazendeiros, apresentando azulejaria na fachada e largos espaços interiores.

A partir do segundo quartel do nosso século, em São Paulo e no Paraná, as grandes fazendas foram sofrendo um processo de modernização que alterou bastante sua primitiva fisionomia.

O complexo de edificações foi-se alargando, atendendo à multiplicação dos serviços e equipamentos destinados às necessidades básicas da comunidade de homens e animais que ali convivem.

Áreas destinadas ao lazer: quadras de esportes,

jardins, pomares; a capela para o serviço religioso nos domingos e dias santos, cinema e até campo de pouso foram sendo incorporados às grandes fazendas. Baias, canis, maternidade para os animais, escritórios, recintos para atender até mesmo a comercialização de partidas de café compradas pelo fazendeiro, que nesse caso atua também como intermediário, oficinas diversas, lavanderia, etc., compõem a nova paisagem.

Força e relações de trabalho

Como outros volumes desta coleção tratam especificamente da escravidão, bem como de problemas ligados à imigração, vamos nos limitar a apontar algumas questões possivelmente não abordadas naqueles textos, dando uma visão rápida e geral dos temas.

Cristalizada secularmente a sua prática na Colônia, a escravidão representou a solução natural e continuada que respondeu às crescentes necessidades de mão-de-obra por parte dos fazendeiros de café.

Com a cafeicultura desenvolveu-se o período mais intenso do tráfico. A escravidão logrou sua inserção na estruturação do Estado nacional livre. Dessa maneira, institucional e economicamente o regime de trabalho escravo foi inerente à construção da Nação.

Para a grande lavoura de exportação, essa solução apresentava, apesar de suas implicações negativas, uma soma de vantagens, entre as quais assegurar com o próprio trabalho a subsistência necessária ao intenso regime a que era submetido o escravo, cuidando por sua vez de todas as etapas da produção cafeeira, além do que o escravo era valiosa mercadoria que em determinadas condições podia inclusive ser alugada ou alienada constituindo, nesse sentido, uma nova dimensão do mercado.

Possuir um escravo significava portanto ter sua força de trabalho à disposição, em princípio sem retribuições outras senão aquelas que asseguravam a sua subsistência e controle para o trabalho. Além disso, *i. e.*, de apropriar-se totalmente do resultado do seu trabalho, o senhor podia especular com a propriedade dessa "mercadoria" e usufruir dos privilégios que a sociedade e o Estado concediam a quem possuía escravos.

Ter um escravo era decidir sobre os destinos de um ser humano, que pela força ou persuasão ficava inteiramente à mercê do seu senhor: seu trabalho, moradia, ração de roupas e alimentos, seus movimentos, sua vida física e mental, seus sentimentos até, praticamente deviam estar sob controle do(s) seu(s) proprietário(s).

Naturalmente, tal relacionamento colocava em confronto vontades e disposições de afeto ou ódio, interesses e intenções. A partir daí a tensão era permanente entre ambas as partes, restando para o oprimido, no limite do suportável, a fuga, o suicídio, a loucura. Mesmo em meio do condicionamento diário e de todas as horas de sua vida, o escravo procurava, de maneira sutil ou ostensivamente, ocupar e ampliar o espaço de que dispunha dentro do regime, do qual chegava a ser o centro, sob alguns ângulos.

Diante desse quadro, durante grande parte da história da escravidão negra a maior aspiração de todo homem livre, de qualquer posição social, era a de possuir o seu escravo, pois isto significava, no limite, livrar-se do trabalho para o seu sustento, ampliar sua área de direitos e assegurar certo *status*.

Essa situação não impedia a solidariedade dos pobres com os escravos, nem a aspiração destes à liberdade.

A propriedade de um ser humano trazia naturalmente consigo deveres e obrigações, que não eram tão difíceis de serem atendidos, uma vez que cabia ao próprio escravo, como dissemos, o provimento de sua subsistência e muitas vezes o seu tratamento, em caso de doença. De qualquer maneira, a apropriação do trabalho escravo tinha resultados que excediam longe os gastos com sua manutenção e controle, pois o comum ou a regra era a extração de um sobretrabalho escorchador.

Nessa linha, temas que reclamam estudo são os do comércio interno de escravos, a venda e revenda, os preços para as diferentes categorias de escravos, os mais e os menos capazes, os de capacidade limitada para o trabalho, os escravos dos segmentos inferiores da população, os escravos de escravos, a mobilidade dos escravos, a sua solidariedade e organização, a consciência social, as comunicações entre escravos, a distribuição da população escrava entre aqueles que possuíam poucos escravos, etc.

Não se esperou a abolição para que se desse a introdução do trabalho livre e se discutisse e se praticasse as diferentes formas de agenciamento e contrato de trabalho.

Esse fator de produção deu margem a um fluxo imigratório continuado ao longo da segunda metade do século XIX e no século XX, pelo menos até 1930. A partir da crise de 29 as alterações que se processaram no mercado mundial de força de trabalho reduziram substancialmente as correntes migratórias para o Brasil, diante do que o trabalhador brasileiro passará a ser o recurso fundamental para atendimento da lavoura cafeeira. Durante o período anterior, ao que se conhece, esse trabalhador só era recrutado ou se apresentava de forma ancilar e para tarefas mais pesadas.

Neste texto as questões imigratória e dos imigrantes serão abordadas menos sobre seus aspectos culturais, de graus de assimilação e segregação, e mais como de mercado de trabalho em termos de movimentos internos na divisão internacional do trabalho.

Dessa maneira, embora vinculada ao problema da abolição, a imigração estrangeira para o Brasil tem outros condicionamentos externos. O esgotamento das terras na Europa, as tensões entre trabalhadores e grandes proprietários, as crises agrícolas, a opressão fiscal, o desflorestamento, a política comercial, o desemprego, as deficiências dos sistemas econômicos, incapazes de garantir trabalho para todos, o grande "negócio" em que a imigração transformou-se para o Estado, a expectativa de melhoria de vida na América, as flutuações do mercado mundial de trabalho, entre outras causas, determinam o fluxo imigratório para o nosso país.

Da parte do Brasil contribuem para o estímulo à imigração toda uma gama de causas mais imediatas, que vão da propaganda, particularmente das companhias de navegação, interessadas no transporte dos imigrantes, até as notícias enviadas pelos emigrados, excitando a imaginação dos parentes e amigos, a demanda de mão-de-obra graças à expansão da lavoura, provocada pelos preços compensadores, as facilidades concedidas pelo governo, o interesse dos grandes proprietários, etc.

Embora as primeiras notícias sobre imigrantes vindos para o Brasil datem de 1817, somente na década de 1850 é que há maior incremento da imigração.

Por motivos de ordem externa e interna, que já apontamos, a política imigratória adotada pelo Brasil não conseguia índices regulares nesse deslocamento demográfico.

Na lavoura cafeeira, as dificuldades encontradas pelos imigrantes, no seu processo de adaptação, chegavam a ser até de ordem natural: exuberância do solo, com plantas de extraordinário e rápido vigor, etc.

As emoções da despedida na aldeia, de onde

A Economia Cafeeira

muitos saíam pela primeira vez, em direção ao porto de embarque, numa cidade maior que já os constrangia, deixando parentes e amigos, compromissos e pertences. Uma viagem desconfortável e com restrições a bordo. Chegavam ao porto brasileiro, onde permaneciam algum tempo praticamente confinados, sendo objeto de "negociações", intermediadas por intérpretes, entre os fazendeiros interessados ou seus prepostos e os colonos e suas famílias.

Não transcorria em melhores condições a viagem dos imigrantes do porto de desembarque no Brasil até a fazenda onde iriam trabalhar. As estradas eram precárias e o que se chamava de albergues para pernoitar não eram mais do que simples ranchos desabrigados. Embora a fazenda pudesse fornecer carros-de-boi ou tropas para o transporte dos colonos, não era raro terem que caminhar a pé, quando então as crianças, em grupos de 4, eram acomodadas em cestas que as mulas carregavam. Para os velhos e doentes também eram reservados animais ou carros-de-boi.

Como os imigrantes recebiam rações de alimentos durante a viagem, havia parada para as refeições, que eram preparadas por eles próprios. Geralmente eram compostas de carne, arroz, feijão, café, açúcar e toucinho. O preparo da comida exigia a busca de lenha e água, o que resultava em não pouco trabalho. À noite não era raro dormirem no chão, em leitos de folhas. Os mais afortunados traziam arranjos de cama, o que permitia relativo conforto. Havia fazendas que forneciam, à chegada, esses arranjos, bem como os trens necessários ao estabelecimento da família dos colonos. Claro que tudo era debitado em suas contas. Sem entender muito o que se passava, famintos e cansados, tomavam conhecimento do "regulamento da fazenda", do qual geralmente recebiam cópia. Esse documento tratava dos direitos e deveres de cada colono, compreendendo desde os negócios até os festejos.

Na fazenda, a vida dos colonos era objeto de toda uma série de normas, que restringiam os próprios movimentos. Assim, em dia útil, ninguém podia ausentar-se sem autorização por escrito do diretor da colônia. Facilitava-se quando o local era muito próximo, podendo a viagem ser feita num dia só, ida-e-volta. A visita de parentes e amigos era também disciplinada, não podendo efetivar-se sem permissão.

A obediência às normas era sob pena de multa, que muitas fazendas faziam reverter para uma caixa em benefício dos colonos.

A distribuição de moradias era feita por sorteio, sendo que muitas casas por terminar exigiam dos colonos esse trabalho, em troca de certas compensações. Para os padrões de moradia do camponês europeu, as residências no Brasil eram bem deficientes. Dependendo do contrato, a moradia era cedida gratuitamente por certo período, ou então cobrava-se aluguel desde o início.

Um dos regimes de trabalho que mais se propagou, num certo período, entre os imigrantes nas fazendas de café foi o contrato de parceria. Implicava

A Economia Cafeeira

um acerto, pelo qual o fazendeiro cedia ao colono determinada área de sua propriedade, com o respectivo cafezal, para ser cultivado, colhido e beneficiado, repartindo-se os resultados entre ambos, na proporção que fosse estipulada pelo contrato.

Na verdade, era um sistema adotado como intermediação entre a escravidão e o trabalho livre. Mal protegido pela legislação que não garantia ao colono liberdade, segurança e acesso à propriedade, o sistema mostrou-se vulnerável, com deficiências que comprometiam o seu funcionamento. As partes contratantes defrontaram-se desde logo com um conflito de interesses, marcado pela mútua desconfiança. O colono partia do pressuposto, válido muitas vezes, de que o fazendeiro aproveitava-se de todas as operações, como por exemplo pesagem, despacho, vendas, etc., para locupletar-se. Do lado dos fazendeiros, estes exerciam excessivo patriarcalismo, revoltando os colonos não acostumados a esse controle. Habituados a tratar com os escravos, a quem forçavam a longas jornadas de trabalho diário, com custo mínimo para sua alimentação, vestuário e alojamento, além do exercício de severo controle sobre sua movimentação, os fazendeiros não aceitavam a apresentação de reivindicações pelos colonos, portadores de um elenco maior de necessidades, de certo grau de cultura e politização que dificultavam as relações sociais de produção baseadas na exploração selvagem. A própria vida privada dos imigrantes era objeto do "zelo" do fazendeiro.

Enganados pelos agenciadores de viagem e recrutamento nas aldeias, os imigrantes construíam uma expectativa de rápido e relativamente fácil enriquecimento, que logo se desvanecia em esperanças perdidas.

Num contexto diverso, mas em seguimento de certa prática que já vinha da escravidão, inclusive reconhecida como uma "brecha campesina", os fazendeiros concediam aos colonos o plantio de cereais entre os pés de café, assegurando assim o abastecimento das fazendas. Em áreas menos próprias ao café, plantavam batata, milho, tendo também criação e vendendo o excedente aos domingos, nas feiras das vilas, depois do culto. Dadas as implicações dessa prática, voltaremos ainda a considerá-la em outro passo deste livro.

A parceria foi marcada pela rápida percepção de ambas as partes de que os seus interesses eram prejudicados. Os fazendeiros alegavam, diante dos resultados que não correspondiam, que entre os colonos vinham vagabundos, condenados, enfermos, velhos, inválidos, etc. Da parte dos imigrantes, a falta de garantias e a realidade de sua redução a escravos estavam entre os motivos mais fortes para sua revolta.

O mercado internacional de trabalho permitia recrutamento sem muito critério de racionalidade e seleção. Dessa maneira, não se levava em conta hábitos, habilidade profissional, códigos morais, idade, condições de saúde. Essas ocorrências eram agravadas por uma legislação falha, executada e fiscalizada precariamente. Os intérpretes abusavam de

A Economia Cafeeira

ambas as partes: fazendeiros e colonos.

Em tese, alegavam seus defensores, o sistema de parceria oferecia ampla liberdade ao empregado, reduzindo os conflitos de tradições, costumes e convenções, não permitindo quistos raciais, vitalizando novas regiões. Poderia ser, continuavam, nessa linha de argumentos, uma oportunidade para adaptação à plantagem. O empresário não passaria de simples rendeiro, repartindo o trabalho de administração e planejamento, bem como os riscos com o trabalhador rural, conforme lembra Delfim Neto.

Embora o sistema de salários prefixados fosse oferecendo mais garantias aos colonos contra as oscilações do preço do café e de outros riscos, outros regimes de pagamento foram sendo praticados.

Enquanto os colonos viveram com as suas famílias dentro da fazenda, comumente um simples ajuste verbal com o fazendeiro fixava o número de pés de café que competia a cada família cuidar, havendo aquelas que, por numerosas e/ou capazes, encarregavam-se de 8 a 10 mil pés.

O cumprimento da tarefa que lhes cabia, no que se incluíam o trato do cafezal e a colheita, determinava o pagamento que recebiam, tendo por base um ano agrícola, mas sendo feito mensalmente (mesada), em geral no primeiro sábado de cada mês. O controle contábil desse pagamento era feito precariamente, em cadernetas.

Nesse processo incluíam-se o crédito dos colonos pela venda do excedente de sua produção ao fazendeiro, bem como as suas dívidas para com este. O regime de colonato comporta geralmente três formas de pagamento: 1) fixo, por 1 000 pés, sendo o colono obrigado a manter limpo e preparado o terreno para a colheita; 2) por dia de trabalho, para os serviços de poda, adubação, reparos no equipamento de produção, etc. e 3) proporcional ao número de sacas colhidas. O salário assim recebido é complementado pela lavoura de subsistência consentida ao colono, dentro das ruas do cafezal ou em terreno separado, pela criação doméstica, lenha, café para o consumo, etc. O colonato configura-se como exploração tipicamente capitalista, na qual o fazendeiro é o empresário que assume todos os riscos do negócio.

O sistema de contratos também era objeto de crítica das partes. Quando os colonos conseguiam liquidar seus débitos até o final do contrato, deslocavam-se em massa, levando o fazendeiro a ficar exposto a sérios prejuízos.

Eram ainda os fazendeiros que afirmavam sobre a relutância dos colonos em pegar a quantidade de cafeeiros que podiam tratar, destinando mais o tempo para suas lavouras e criações, o que nos mostra o atrativo que a comercialização da economia de subsistência passa a ter diante do desenvolvimento do mercado interno.

Vindos muitas vezes de países frios do Norte da Europa, os colonos estranhavam os costumes, a alimentação e as formas de vida. O asseio corporal que o trópico exigia parecia diminuir-lhes a resistência. A sabedoria popular apontava, por exemplo, a alta incidência de bicho-do-pé à falta de lavarem os pés todas as noites.

O imigrante jovem e sadio fazia-se às vezes acompanhar de velhos e doentes, de quem não queria apartar-se, responsabilizando-se então pelo seu sustento, mas onerando, naturalmente, sua produtividade para o fazendeiro.

Os compromissos que o governo assumia nem sempre eram cumpridos, ao passo que, originários de regiões superpovoadas, onde já haviam desenvolvido técnicas agrárias e de aproveitamento do solo, os colonos viam aqui inoperante a sua experiência nesse sentido, isto é, davam-se melhor com terrenos mais cansados, onde podiam usar fertilização e arado. Terras excessivamente ricas e vegetação exuberante exigiam uma reciclagem nas suas práticas.

Visto este capítulo de dificuldades, temos que reconhecer que a imigração possibilitou a continuidade da expansão cafeeira, após a abolição. Dignificou o trabalho manual, aviltado pela escravidão. Introduziu certos tipos de veículos rurais e instrumentos agrícolas europeus, ensinando novos métodos de utilização dos animais. Revolucionou a dieta alimentar brasileira: introduziram-se o consumo diário da manteiga fresca, do leite, etc., e as massas de farinha de trigo e fubá ingressaram definitivamente em nossa cozinha.

O cultivo de hortas, pomares e jardins foi desenvolvido. No meio urbano os imigrantes influenciaram os costumes e usos, a indumentária, as atividades lúdicas, a arquitetura, o lazer.

Com a imigração uma série de novas ocupações

foram sendo criadas, além do que a pequena e a média indústria, origens dos grandes estabelecimentos fabris, foram-se desenvolvendo, muitas vezes a partir de um modesto atelier.

O constante fluxo imigratório, uma vez incorporado ao mercado de trabalho, vai formando também um mercado consumidor, capaz de gerar ocupações e um elenco de necessidades.

Para isso também contribuía o crescimento vegetativo entre os imigrantes, incomparavelmente maior que entre os escravos. Nas colônias verificava-se que as crianças até os 15 anos representavam cerca de metade da população total, proporção que chegava a ser três vezes maior que a dos filhos de escravos.

Tanto os interesses do Estado quanto os dos fazendeiros convergiam para a introdução de famílias, uma vez que era uma forma de prender o imigrante à terra, não alimentando esperanças de volta rápida, diante da responsabilidade de mantê-los aqui. Permitia também para o fazendeiro um trabalho suplementar barato, isto é, das mulheres e crianças.

Não se tratava de uma concessão do sistema de imigração, com o sentido de abrir livremente a oportunidade de enriquecimento, tornando os colonos proprietários e promovendo a sua ascensão social. O próprio sistema engendrará novas formas de apropriação do trabalho do imigrante, mitificando então as oportunidades e elaborando um discurso ideológico que vendia a riqueza e a felicidade, desde que trabalhassem mais...

A grande imigração, particularmente de italianos, foi fortemente estimulada e subvencionada pelos cofres públicos, ficando o governo encarregado do pagamento das passagens dos imigrantes e muitas vezes dos primeiros serviços de assistência quando de sua chegada.

Em nosso século a economia cafeeira contará, no seu primeiro quartel, com a força de trabalho representada pelos colonos estrangeiros, e, como já afirmamos, a partir da década de 30, com a redução substancial do afluxo externo, o recrutamento no mercado do trabalho voltar-se-á para os descompassos do próprio mercado interno, dando margem a permanente migração de trabalhadores dos estados do Nordeste para São Paulo e Paraná, o que, se eliminou alguns problemas, criou entretanto novas dificuldades.

A exploração da força de trabalho é feita através de diferentes formas contratuais de trabalho ou de acerto verbal. No Paraná, difundiu-se muito o sistema de meias, incluindo a formação e/ou condução dos cafezais, ficando 50% da produção para cada uma das partes. Ao meeiro cabe também a exploração das culturas de subsistência.

Para a lavoura cafeeira particularmente, o problema da mão-de-obra marca toda a sua história. A mobilização de um grande efetivo de força de trabalho, bem como as dificuldades naturais da mecanização, levam a lavoura tradicional a despender em mão-de-obra 30 a 50% do custo de produção.

Colheita, beneficiamento e acondicionamento

Nos primeiros tempos as deficiências industriais no beneficiamento do café brasileiro, destinado ao exterior, eram responsáveis por um produto que se inferiorizava perante os concorrentes, pois era marcado pelo mau tratamento que recebia em sua colheita, separação, etc., apresentando-se cheio de detritos, com cheiro desagradável, cor desigual e gosto amargo.

Entretanto, o setor que parece ter oferecido mais visível evolução foi o de beneficiamento. Não acompanhando o crescimento e o volume das colheitas, com rendimento limitado, exigindo numerosa mão-de-obra, o sistema de pilar o café foi rapidamente superado. Enquanto durou, as suas operação penosas e demoradas absorviam os escravos e mais tarde os colonos.

Foram então introduzidos outros meios mecânicos, como a tração animal. Os meios hidráulicos usados eram: o *monjolo* e a *roda d'água*.

A lenta evolução tecnológica do café, particularmente no século XIX, é atribuída à existência de mão-de-obra escrava, relativamente fácil de ser adquirida, o que não estimulava o investimento em tecnologia mais avançada (Buescu, p. 121). Entretanto, essa verificação não deve ser considerada como uma suposta incompatibilidade do trabalhador escravo com o avanço tecnológico.

"O sistema de pilar o café foi rapidamente superado".

Só com a abolição é que a maior dificuldade na obtenção de escravos e a conseqüente introdução do trabalho livre fizeram maior o aproveitamento de implementos agrícolas, que tornaram o trabalho mais produtivo (idem, p. 122), dando ensejo inclusive à sua fabricação no Brasil, quando dependiam de menor nível tecnológico.

O acondicionamento do café passa por vários trabalhos, sendo usados diversos tipos de invólucro, conforme a fase da colheita, beneficiamento, transporte e consumo.

Assim, na fazenda, na fase de produção, temos a utilização do barril ou balaios ao pé do cafeeiro. O barril é feito de madeira e o balaio é um cesto de palha.

A colheita fazia-se pelos escravos com uma peneira amarrada à cintura, enquanto parecem ter sido os imigrantes italianos que introduziram a utilização de um pano estendido no chão, onde caía o café, uma vez derriçado.

Em seguida o café era mergulhado num tanque com água. O processo de molhar variava no tocante ao local e aos vasilhames usados. Outrora o terreiro, onde secava o café, era de terra socada e não lajeado como hoje. Exigia-se, no terreiro, quantidade de pessoal que se encarregava de espalhar o café com o rodo. À tarde o café era recolhido ou ajuntado aos montes e abrigado ou coberto. Esses cuidados não mudaram muito até hoje.

Depois seguia-se o beneficiamento em pilões, monjolos, etc.

Uma vez descascado, o café era então peneirado e ia para as caixas de madeira, bacias, coches ou barricas, cestas de vime, etc. Nesses vasilhames permanecia vários dias, para a catação. Quando se destinava ao uso da própria fazenda era guardado em pequenos baús de madeira ou outro tipo de vasilhame.

Da fazenda para a cidade, o acondicionamento era em sacos (bruacas) encerrados em grandes cestos de bambu. Esses sacos geralmente eram de couro, mais tarde substituídos pela sacaria de aniagem (tecido grosseiro de linho cru).

Ao entrar no armazém do comissário, o saco de café era submetido ao furador, um instrumento alongado, oco, munido de ponta de aço, que penetrando na saca deixava sair pela sua cavidade interna certa porção de grãos, que eram então examinados. É claro que esse processo acabava por inutilizar o tecido das sacas em pouco tempo.

O acondicionamento da grande quantidade de café que era comercializado estimulou a indústria têxtil, que em boa parte tinha caráter doméstico, com fibras têxteis aqui mesmo cultivadas, muitas vezes diretamente pelos fazendeiros. A *aramina*, por exemplo, fibra têxtil do carrapicho, superior à juta, teve grande difusão para a tecelagem dos sacos. O encarecimento da mão-de-obra conseguiu, entre outros motivos, contribuir para que a produção nacional sofresse forte competição das fibras orientais.

Hoje em dia, para a sacaria, usa-se rami, sizal, juta, cânhamo, etc.

Transportes

Antes de advento das estradas de ferro, o transporte do café era feito pelas tropas de muares, que deram origem a todo um sistema de transportes, de comércio e à formação de um segmento social que chegou a ter certa projeção política, como mostram estudos recentes.

Antes das tropas, os escravos é que transportavam as cargas, carregando nas costas, ombros e cabeça. Esses carregadores humanos eram geralmente alugados.

As tropas eram constituídas de um animal muito resistente, o muar, resultado do cruzamento do jumento com égua ou de cavalo com jumenta.

Suportando 2/3 do seu peso em carga, enquanto o cavalo só suporta a metade, proporcionalmente ao seu tamanho o muar tem mais força e resistência que o cavalo uma vez que a conformação da coluna vertebral e o dorso curto dão capacidade para carregar grandes pesos. Desenvolve a mesma velocidade tanto no terreno plano quanto em aclive, excedendo os cavalos em terrenos acidentados, apesar do volume e do peso da carga.

Vinham do extremo sul, onde eram criados, sendo comercializados sobretudo na Feira de Burros de Sorocaba. As tropas que transportavam café, em São Paulo, chegavam a ter de 200 a 300 mulas cada.

Levavam o café até a localidade que possuísse armazéns e no retorno conduziam os artigos necessários à fazenda: mantimentos, toucinho, bacalhau, carne e peixe secos, sal, ferramentas, panos e algumas guloseimas.

Em 1858 o tráfego de muares entre São Paulo e Santos era de 25 000 animais por ano, sendo que houve anos em que esse número atingiu 200 mil animais.

A transposição da Serra do Mar só podia ser feita pelas tropas; nem cavalos nem carros-de-boi serviam para essa travessia. Entretanto, as tropas de muares condicionam as lavouras de café a um raio de distância que não ultrapassava 150 quilômetros dos portos. Pois caso contrário tornavam antieconômico esse tipo de transporte pelo seu encarecimento.

Os carros-de-boi foram usados em áreas mais restritas e para certas tarefas; quase sempre para os serviços internos das fazendas. No Norte de São Paulo era comum o emprego de boiadas no transporte do café dos municípios ribeirinhos do Paraíba para Ubatuba e São Sebastião.

Mesmo mais tarde, com as ferrovias, muitas fazendas utilizavam-se dos carros-de-boi para o transporte do café da fazenda até a estação. Para o transporte de máquinas pesadas de beneficiamento do café também os carros-de-boi serviam, como ainda para o transporte de pessoas. Entre as tropas e os carros-de-boi havia desvantagens e vantagens.

O carro, sendo mais lento, pesado, e deteriorando os caminhos, carregava entretanto a carga de 15 ou 20 animais. Já as tropas tinham o inconveniente de carga e descarga para o pernoite, fugas e transvios de animais, etc.

O transporte urbano do café era geralmente feito pelas próprias tropas, embora houvesse certa disciplina para a sua circulação: animais conduzidos a passo, presos uns aos outros, sem poder pernoitar na cidade e tendo determinados pontos de parada e concentração.

Na segunda metade do século XIX apareceram as carroças, que também obedeciam a toda uma série de posturas municipais.

Certas fazendas, dada a proximidade de vias navegáveis, chegaram a utilizar-se também de barcos para o transporte do café. Assim, no litoral do estado do Rio as faluas (barcos a vela), canoas e batelões, traziam o café de pontos terminais para as tropas que desciam o altiplano. Esse sistema de transporte atingia ainda Mangaratiba, Angra dos Reis, Jurumirim, Ubatuba, São Sebastião, Caraguatatuba, Ilha Bela, etc.

A partir da década de 60, ou mais precisamente em 1854, o destino do café ligar-se-á em total relação de dependência ao das ferrovias, o que durará até época relativamente recente.

Matéria de numerosos estudos, essa interação consentida pelo capitalismo inglês beneficiaria sobretudo o Oeste de São Paulo, desde que a penetração dos trilhos dá-se numa seqüência: Santos-

Jundiaí, 1867/1868; Jundiaí-Campinas, 1872; Campinas-Itu, 1873; Mogiana e Sorocabana, 1875, dando-se a ligação com a Estrada de Ferro D. Pedro II em 1877.

Durante esse período todo o sistema de transportes de tropas de muares é substituído, com grande vantagem, pelas ferrovias. Estas ofereciam maior segurança, funcionalidade, eficiência, rapidez, menores custos e fretes, regularidade, menores riscos de deterioração do produto, bem como comportavam muito maior volume de cargas.

O novo sistema de transporte permitiu e acelerou a expansão das lavouras em várias direções, ultrapassando em muito a área até então limitada pela operacionalidade das tropas. Por sua vez, outra articulação que as ferrovias estimularam foi a do escoamento da produção pelos grandes portos (Rio de Janeiro e Santos) em detrimento dos portos menores, conforme demonstrou José Ribeiro de Araújo Filho.

No século XX, também as ferrovias antecederão ou acompanharão a expansão do café por áreas como a Alta Paulista, Alta Mogiana e Sorocabana.

A ferrovia constitui, com certeza, a introdução de um fator capitalista multiplicador de grande porte, destinado a provocar alterações no próprio sistema de produção. O interessante é tratar-se de um componente capitalista introduzido num momento de expansão de uma economia escravista.

Como um componente empresarial de alto nível tecnológico, a ferrovia tem uma contrapartida em relação à economia brasileira que é a de levar, para as áreas cafeeiras, com as mesmas vantagens e sem competição, os artigos industrializados europeus, num processo de dependência e modernização que se intensificará durante pelo menos 100 anos! O estiolamento da manufatura e da indústria nacionais terá nas ferrovias uma de suas explicações.

Organização da produção e comercialização

A formação e a exploração de uma fazenda de café exigem certo volume de investimentos. No primeiro caso, como há uma carência geralmente de 4 a 5 anos para o café começar a produzir, a manutenção da fazenda nesse período exige recursos de monta, destinados à derrubada da mata, preparo da terra, construção de edifícios da sede, da colônia, quando esta existe, do terreiro, instalações de preparo do café, bem como a aquisição dos mais diversos implementos agrícolas. No segundo caso — da exploração — os custos dirigem-se para o pagamento dos colonos, manutenção e reposição das máquinas e apetrechos, conservação e melhoria das benfeitorias, gastos com transporte e comercialização.

O fato de a remuneração dos colonos ser apenas parcial, oferece ao fazendeiro certa disponibilidade de capital de giro, flexibilizando a forma desse pagamento, conforme os interesses da empresa, *i. e.*, podendo reduzir o salário monetário sem prejuízo do

A Economia Cafeeira

salário real, embora esta forma signifique quase sempre maior apropriação do excedente de produção e do trabalho, por parte do fazendeiro, como por outro lado também possa significar uma estratégia do fazendeiro para resistir à crise que se abate sobre o café (Delfim Neto, pp. 237 e ss.).

Exploração em larga escala, dada a grande demanda exterior. As unidades de produção têm em dilatado momento de sua história um exemplar típico na *plantagem*, grande propriedade com acentuado predomínio da cultura cafeeira e apreciável contingente de força de trabalho, primeiramente representada pelo *plantel* de escravos e depois pela *colônia* de trabalhadores estrangeiros.

As fazendas têm sua montagem e funcionamento assegurados graças a um complexo de benfeitorias, edificações e instalações, que como já vimos atendem a cada uma das fases da produção e às necessidades da comunidade ali concentrada.

A comercialização ao longo do século XIX obedeceu a um esquema de intermediações e circuitos relativamente simples. Durante pelo menos todo esse século, as distâncias, a necessidade de crédito e financiamento, o isolamento das fazendas, os condicionamentos dos meios de transporte e o problema do abastecimento, bem como a requisição da presença do fazendeiro nas lides da fazenda, o que o impedia de acompanhar o café para fora da porteira, entre outras razões, contribuíram para que entre o fazendeiro e o agente encarregado de colocar o produto à venda fossem se constituindo intermediários, que na medida em que aquelas razões permaneciam e se intensificavam, dilataram e tornaram mais complexas as práticas comerciais e os circuitos em que atuavam.

No circuito de comercialização do café, um agente que durante muito tempo (século XIX) teve vital importância dentro de determinadas funções foi o comissário. Era o intermediário entre o fazendeiro e o exportador, tendo portanto poderes para negociar o produto.

A sua origem prende-se às primeiras casas comerciais que no Rio de Janeiro foram-se posicionando nas transações do café, passando a recebê-lo em consignação, dos fazendeiros, recebendo 3% de comissão pela venda do produto.

As suas funções eram as de classificar o café tendo em conta os tipos de exportação. A seguir, entravam em negócios com as grandes firmas exportadoras, através dos seus corretores, que ganhavam certa percentagem nas vendas.

Como as fazendas ficavam isoladas no interior, o comissário foi assumindo outras atividades em sua intermediação. Vinha do comércio ou da agricultura, *i. e.*, tinha sido ou ainda continuava, também, como fazendeiro. O que acumulara em ambos os setores permitia-lhe o capital inicial para suas novas atividades. Em muitos casos, as empresas que constituía não ultrapassavam o nível familiar.

Na torna-viagem da tropa o comissário aproveitava para fornecer aos fazendeiros artigos como bacalhau, carne-seca, sal, toucinho, ferramentas, guloseimas, etc. Assim, era também um comerciante; mantinha na cidade armazéns e depósitos com estoque de mercadorias diversas, destinadas ao suprimento dos fazendeiros.

Estes preferiam comprar dos comissários, uma vez que vendiam mais barato que as casas comerciais das cidades mais próximas das fazendas ou do comércio de beira de estrada.

Baseado na futura venda do café, o comissário abria um crédito para o fazendeiro, o qual lhe permitia atender as suas necessidades. Entre ambos prevalecia ou devia prevalecer muita confiança, pois o fazendeiro acabava aceitando os preços oferecidos pelo comissário, tanto aqueles lançados para a venda do café ao exportador, quanto os que pagava pela aquisição das mercadorias que encomendava.

Nesse sentido, havia uma total dependência do fazendeiro em relação ao comissário, para a colocação do seu produto em condições vantajosas, o que era do interesse de ambos. Flutuações do mercado que pudessem ocorrer chegavam a afetar as suas relações.

O crédito aberto pelo comissário em favor do fazendeiro baseava-se geralmente na próxima colheita, sendo que este chegava a sacar até toda a disponibilidade, o que naturalmente o colocava em dificuldades.

O mercado muito sensível chegava a ter flutuações diárias, o que exigia muita cautela do comissário no sentido de alcançar sempre o melhor preço. Defendendo o interesse do fazendeiro, o comissário estava defendendo o seu próprio interesse. Esse envolvimento impedia, por exemplo, que encarecesse as mercadorias que fornecia aos fazendeiros, uma vez que qualquer trapaça de sua parte poderia fazer com que os fazendeiros da região, em solidariedade, se recusassem a voltar a negociar com ele.

Assim como ao comissário interessava a prosperidade do fazendeiro, também precisava precaver-se em relação aos clientes que estivessem passando por má fase financeira.

Dada praticamente a inexistência de crédito agrícola, os comissários foram aos poucos assumindo funções de banqueiros, o que durou até a crise de 1929. A formação de novos cafezais, o desenvolvimento da fazenda, a compra de novas fazendas eram financiados pelos comissários, exigindo portanto grande capital. Registre-se que sobretudo a partir de 1888, com a reforma bancária — a criação de bancos emissores —, ampliou-se o crédito agrícola.

As crônicas da época assinalam que o relacionamento entre comissários e fazendeiros chegava a compreender o âmbito familiar, com os filhos dos fazendeiros, que se dirigiam para a corte ou para São Paulo a fim de estudar, sendo abrigados pelos comissários, em cujas dependências, muitas vezes, junto aos escritórios, encontravam cama e mesa durante o período em que lá permaneciam.

Em princípio, portanto, não havia motivos para um fazendeiro colocar sob suspeita o relatório periódico que o comissário lhe apresentava. Entretanto, particularmente em épocas de crise, graves tensões costumavam marcar esse bom relacionamento.

Com o desenvolvimento da cafeicultura e a complexidade das relações sociais de produção, o raio de ação dos comissários foi sendo ultrapassado. Os seus próprios recursos financeiros foram se tornando insuficientes. Dessa maneira, acabaram enfraquecendo as suas relações com os fazendeiros. Com a abolição, as casas comissárias foram profundamente afetadas, e muitas chegaram mesmo a fechar.

Embora já possuíssem certo grau de organização, representado pelos Centros de Lavoura e Comércio, objetivando a abertura de novos mercados, e promovessem exposições, viagens e contatos para recuperar uma posição financeira que iam rapidamente perdendo, os comissários foram sofrendo um processo de acentuada decadência.

Outro intermediário na comercialização do café, o antigo negociante, chamado "ensacador", que atuava como auxiliar direto dos comissários, foi entretanto alargando sua ação. Os ensacadores constituíram núcleos que adquiriam os lotes, por conta própria, postos diariamente à venda, com o que formavam estoques e faziam a "liga" do produto, manipulando-o e classificando-o, para atender às exigências dos grandes centros do mercado mundial do café.

Dessa maneira, mediante a compra do produto, passaram a fornecer recursos e até crédito aos vendedores. Personificaram uma nova forma de especuladores interessados na boa colocação dos lotes e na alta dos preços. Esses negociantes foram entrando direto no comércio de exportação e tendo maior liberdade em sua movimentação do que os comissários. Acabaram, como vimos, por contribuir para a decadência destes.

Entretanto, entre comissários e ensacadores normalmente os interesses altistas se identificavam, contrariando os exportadores, que pressionavam por níveis baixos nos preços.

Havia, assim, no mecanismo de comercialização do café, três categorias de intermediários: o comissário, o ensacador e o exportador. No período de decadência dos primeiros, de que estamos tratando, os ensacadores e exportadores mandavam agentes compradores diretamente aos fazendeiros, eliminando dessa maneira os comissários desse circuito. Aos exportadores ficará reservada a maior capacidade de pressão sobre os preços do produto, uma vez que se colocavam não perante grandes casas com recursos financeiros próprios, mas uma rede de fazendeiros — grandes e pequenos — quase sempre em dificuldades.

A atuação dos ensacadores definiu-se como a de compradores de café dos comissários, por conta própria. Assim, fizeram crescer a sua intermediação entre o comissário e o exportador, para quem vendiam as partidas de café. Possuíam muitos armazéns para estocar o café, dos quais o produto seguia direto para o porto, e chegavam mesmo a ajudar o comissário a resistir às eventuais desvalorizações do café.

Hoje em dia, acabou-se a distinção entre ensacador e exportador. A desnacionalização desses setores foi acionada, entre outras causas, pela articulação entre exportação e comercialização, graças ao avanço dos meios de comunicação — vapores mais velozes, cabo submarino, etc. — que permite aos exportadores maior agilização no controle dos mercados. Por outro lado, criou-se um sistema de armazéns gerais que concedia aos fazendeiros a facilidade de negociar diretamente com os exportadores, dispensando os comissários, apesar do custo de armazenamento e seguro e do capital imobilizado que isso representava. Aliás, a institucionalização dos Armazéns Gerais (1903), pelo Governo Federal, permitiu aos fazendeiros estocar neles o produto, mediante o pagamento de uma taxa de armazenamento, sendo portanto um serviço comercial de depósito. Em 1906, o governo do Estado de São Paulo passou a estimular a atuação dos armazéns.

As Companhias de Armazéns Gerais, registradas e fiscalizadas pelo Instituto Brasileiro do Café, não podem comerciar o café, mas apenas armazená-lo. Entretanto, nos anos que antecederam a crise de 1929, essas empresas, burlando o decreto de sua regulamentação, passaram a operar nos negócios do café, indo muitas à falência.

O armazenamento do café é prática normal, sem grandes riscos de deterioração do produto. Pelo contrário, certos tipos de café mais velhos são de melhor sabor, entrando inclusive, com bom resultado, em ligas com café mais novo.

Os armazéns gerais cumprem vários objetivos: guardar o produto, preservando-lhe as característisticas. Essa função permite compensar as variações cíclicas da produção, corrigindo os preços e combatendo a especulação. São chamados gerais porque podem guardar mercadorias diversas, de diversas pessoas, atendendo funções como despachos e desembarque em ferrovias e repartições, benefício, transporte, separação, ligas, embalagem, adiantamento de fretes, seguros, impostos, etc.

As firmas exportadoras foram-se articulando com o tempo, com um complexo de serviços, que muitas vezes elas próprias montavam nos portos de embarque, assegurando condições próprias para a comercialização do café em grande escala. Encarregavam-se do embarque do produto para os países importadores e tinham conexão com as companhias de navegação.

Com escritórios e armazéns de estocagem, classificação, provas, contabilização, essas firmas, nacionais e estrangeiras — francesas, inglesas, alemãs, e com o tempo sobretudo norte-americanas —, foram estendendo sua ação, mandando seus agentes às zonas produtoras, onde adquiriam as colheitas dos fazendeiros e/ou a parte tratada pelas máquinas de beneficiamento.

Os exportadores contam com linhas de crédito bancário que será satisfeito só depois da venda nos mercados estrangeiros.

Hoje em dia, o alto comércio do café é praticado por Casas Comissárias e Casas Exportadoras, localizadas nos grandes portos de embarque e dispondo de um complexo de instalações que se distribuem por

A Economia Cafeeira

escritórios, onde se atendem os fazendeiros, os compradores e fornecedores diversos; salão para a prova do café, com mobiliário e utensílios adequados à sua finalidade; armazéns com máquinas beneficiadoras, onde são preparadas as ligas de café.

Para proteger-se das oscilações das colheitas e preços, essas casas procuravam estocar enormes quantidades do produto, o que posteriormente, a partir da primeira década deste século, passaria a ser feito pelo próprio Estado, que intervém diretamente na economia cafeeira, arrogando a si o que até então tinha sido entregue à iniciativa particular, isto é, a valorização em armazenamento, os empréstimos externos, etc.

Um complexo aparelho econômico, financeiro e tributário conferiu ao Estado posição de relevância operacional no controle da produção e comercialização cafeeiras, enfrentando os problemas de superprodução e crises de naturezas diversas, valorizando o produto e promovendo sua propaganda para aumento do consumo, bem como oferecendo assistência técnica e econômica à produção e beneficiamento, realizando pesquisas e estudos, para o seu aprimoramento.

O Instituto Brasileiro do Café — IBC, 1952 — é o órgão que fiscaliza e dirige a exportação, garante os adiantamentos ou pagamentos de taxas ou prêmios, intervém nas praças estrangeiras e promove o café nos mercados externos, tendo em 1961 criado o Grupo Executivo de Racionalização da Cafeicultura (GERCA). Antes dele, instituições como o Instituto do Café, Conselho Nacional do Café (1931), Departamento Nacional do Café (DNC, 1933), Departamento Econômico do Café (DEC, 1946) atuaram no âmbito federal, fora os organismos estaduais, como por exemplo o Instituto Paulista de Defesa Permanente do Café (1924), Instituto Paulista do Café (1929), etc.

Assim, o Estado exerce funções reguladoras dos estoques, para manter os preços, evitando grande estocagem por outros países, tendo chegado mesmo, como vimos, a erradicar a produção, proibindo novas lavouras, por prazo determinado, além de destruir estoques, por incineração e outros recursos, que chegaram a 78 214 253 sacas, com sacrifícios dos cafeicultores, que se estenderam por 20 anos. A política econômica do café que o Estado desenvolve, através do IBC, alcança a produção, comercialização e administração.

Não obstante esse aparato, o produtor quase sempre é vítima das oscilações do mercado, de suas próprias deficiências gerenciais, das variações climáticas, do encarecimento dos implementos agrícolas e dos fertilizantes, da falta de crédito rural e da imprevidência e gastos suntuários, sem um fundo de reserva. Por esses motivos é muitas vezes obrigado até a vender a safra de vários anos.

A estratégia de valorização (defesa através de retenção), por sua vez, se por um lado defende o café, luta com a carência de recursos e não consegue impedir, no caso pelo estímulo do próprio preço, que os cafeicultores arremetam-se à expansão de sua lavoura, o que significa, naturalmente, viciar o processo, tornando-o inoperante em certo prazo, além do que a sustentação dos preços, a nível internacional, também leva fatalmente os concorrentes a ampliarem suas lavouras, oferecendo todas as condições para novas crises de mercado.

Resta considerar que o problema de recursos gera comportamento inflacionário oneroso para a sociedade.

Depois da II Guerra Mundial, a política passou a ser de liquidação dos estoques, acompanhada de acentuado diferencial entre a taxa cambial de exportação e a de importação, permitindo controle dos preços internacionais e de exportação.

A rede bancária oficial e particular foi montando linhas de crédito rural, complementadas pelos próprios comissários das firmas exportadoras e pelos proprietários das máquinas de beneficiamento, que também costumam financiar e facilitar a produção, de formas diversas e geralmente a juros elevados. Ao Banco do Brasil tem sido reservada atuação de destaque pelo controle de câmbio e pelas linhas de crédito, direto ou indireto.

Em nossos dias o Sistema Nacional de Crédito Rural financia em até 7 anos a construção ou reforma de residências rurais, de terreiros, lavadores e tulhas, a aquisição de máquinas e equipamentos, bem como o plantio de cafezais com até 6 anos de prazo. O financiamento de custo, para tocar a lavoura, dirige-se para os insumos (fertilizantes, defensivos, etc.), o atendimento das operações de rotina, como arruação, capina, colheita, adubação, poda, combate às pragas e doenças, bem como a aquisição de sacaria, enxadas, rastelos, etc.

O circuito de comércio compreende geralmente transações dos fazendeiros com os maquinistas ou com os comissários e exportadores. As grandes negociações de café fazem-se nos portos e são seus intermediários, obrigatoriamente, os corretores registrados na Junta Comercial.

As principais modalidades de negócios de compra e venda são: *mercado disponível*, *mercado a termo* e *mercado de entregas diretas*. O *disponível* compreende o café liberado para o mercado do porto e os negócios são feitos à vista, com pagamento em 30 dias. Nesse prazo, a firma compradora tem de retirar a mercadoria do armazém e pagar a fatura em nome do produtor do interior. Aliás, os negócios à vista, isto é, diante do produto e seu pagamento, é que predominaram absolutamente até o início do nosso século.

No mercado *a termo*, as transações são feitas para entrega e pagamento futuros. Finalmente, no mercado de *entregas diretas*, o procedimento é o mesmo do anterior, só que sem a fiscalização e garantia da Bolsa de Café e Mercadorias, prevalecendo a confiança mútua entre as firmas operantes. Estas modalidades, *a termo* e *entregas diretas*, foram adotadas a partir da criação da Bolsa do Café, em Santos.

A nível internacional o comércio do café é regulado pela OIC — Organização Internacional do Café

A Economia Cafeeira

(1958) —, que reúne países produtores e compradores e através de Acordos Internacionais estabelece quotas de produção por país, procurando evitar aviltamento dos preços.

Não obstante, a instabilidade do mercado tem sido uma constante e, ao que tudo indica, é inerente ao processo.

Os acordos sobre o café, em escala mundial, têm sido celebrados em conferências internacionais, como as realizadas em 1902, 1929, 1931, 1936, 1937, 1940 e 1957.

Cumpre ainda registrar que tanto a União quanto os estados produtores de café passaram a desenvolver estratégias de atendimento das conjunturas que afetam a produção e o comércio cafeeiros. Das articulações interestaduais assinale-se o "Convênio de Taubaté", celebrado entre São Paulo, Minas Gerais e Rio de Janeiro, em 25 de fevereiro de 1906, que mediante contrair empréstimos internos e externos, com garantia do governo federal, sustentaria um preço mínimo nos mercados nacionais, adquirindo ainda o excesso da produção. Entre os objetivos do Convênio estavam ainda: conter a expansão da área cafeeira, incentivar a produção de cafés de melhor qualidade e regularizar o comércio do produto.

Essa política de preços sofreu na sua execução dificuldades a nível federal e estadual, ficando São Paulo praticamente isolado nesses objetivos. Entretanto, algumas orientações tomadas em Taubaté tiveram conseqüências para o setor cafeeiro e o seu comércio, a nível mundial.

Evolução do setor de subsistência numa economia de exportação

Um tema que esperamos venha a merecer tratamento à parte nesta Coleção é o da chamada cultura de subsistência, quando comercializada. O que nos interessa é demonstrá-la rapidamente, inserida na economia cafeeira.

Desde cedo a concentração da população em determinada área, entregue a uma atividade principal, que polarizava capitais, recursos humanos e materiais, gerava paralelamente um nada desprezível esforço de abastecimento.

Foi sobretudo o escravismo que levou a própria fazenda de café, visando a assegurar o seu abastecimento, a desenvolver diferentes formas de estímulo à cultura de subsistência. Mas, na verdade, esteve sempre distante de autonomizar-se a unidade de produção em relação às suas próprias necessidades.

Nesse sentido, uma das vantagens que o café sempre ofereceu foi a das culturas intervalares ou intercalares de cereais ao seu lado, desde que se tratasse de cafezais novos.

Como afirmamos, enquanto durou o escravismo os fazendeiros chegaram a consentir um espaço para os próprios escravos fazerem sua roça, com a qual asseguravam a sua subsistência e a da comunidade ali concentrada. Constituía mesmo uma prática campesina, cuja adoção no Brasil foi seguida por outras áreas da América.

A Economia Cafeeira **109**

Mas, tanto dentro das grandes unidades de produção quanto fora delas, em pequenas propriedades, o cultivo de cereais representou sempre uma economia que não deve ser, como tem sido, simplesmente relegada como objeto de estudo e realidade econômica.

Dentro da plantagem assegurava seu abastecimento, além de permitir o chamado "ganho extra", quer para os escravos quer para os colonos, permitindo, no caso dos primeiros, o atendimento de pequenas necessidades e até possivelmente a compra da desejada alforria, e, no dos segundos, através de rígido sistema de poupança, o ascenso econômico-social à condição de proprietário de terra.

Fora da plantagem, já registramos que a pequena produção de subsistência e os núcleos coloniais vieram representar novas formas que o capital encontrou e estimulou para apropriar-se do trabalho excedente do pequeno produtor em seu próprio benefício.

O que se torna importante também investigar é a linha que separa a produção propriamente de subsistência do seu excedente comercializável, bem como o seu desempenho — grau de dependência ou autonomia — nos períodos de expansão ou crise, dentro e fora da grande unidade de produção.

Muito embora a concessão das culturas intercalares representasse muitas vezes uma forma eficiente para atrair a mão-de-obra, dentro da conjuntura que o mercado de trabalho oferecia, estava regulada e contida pela necessidade de reduzir o ônus que essas culturas podiam significar para a produtividade e tratamento do café por parte dos colonos. Daí os fazendeiros discriminarem as espécies de culturas permitidas, o período em que podiam ser feitas e o tempo a ser gasto com essa subsistência.

Não se trata, portanto, de uma relação que pudesse significar a quebra ou redução nos objetivos capitalistas de lucro dos fazendeiros, tampouco a manifestação dos sentimentos de compreensão e humanidade do "bom senhor" para com o escravo ou do "bom patrão" para com o colono.

Claro que nos momentos de crise no mercado de trabalho aumentavam o espaço e o volume dessas concessões em função da demanda de mão-de-obra, mas sempre graduados pela consciência e racionalidade na obtenção do lucro.

As culturas intercalares trazem inúmeras vantagens aos fazendeiros: conservam o solo, mantendo-o coberto e retendo a água no período chuvoso; permitem aos trabalhadores e fazendeiros uma fonte adicional de renda e assim contribuem para fixar a mão-de-obra, bem como reduzir o custo de formação e recuperação dos cafezais.

Das atividades comerciais na área cafeeira

Como se pode prever, para as manufaturas importadas e para os produtos nacionais — alimentos e

A Economia Cafeeira

manufaturas — foi-se estabelecendo intenso circuito comercial, que exigia vários tipos de intermediários entre o produtor e o consumidor, dado o fato de as comunidades rurais serem distantes e muitas vezes com relativo grau de isolamento.

Dessa maneira, tanto no meio urbano quanto no rural a circulação e as transações de toda uma soma de produtos eram feitas através de estabelecimentos comerciais e do comércio volante. Mas, mesmo para o provisionamento daqueles estabelecimentos (armazéns, vendas, botequins, etc.), exigia-se a intermediação de negociantes, agentes, pracistas, etc.

Além do comércio volante havia ranchos e tabernas de beira de estrada com variadíssimo estoque. Não eram apreciados pelos fazendeiros, que viam neles centros de contrabando de café pelos escravos, que também costumavam ali se embebedar. O recurso era então o fazendeiro ter sua própria venda, delegando geralmente a um agregado esse comércio com os seus colonos.

Os mascates levavam em malas de madeira ou lata, conduzidas nas costas, toda uma variedade de mercadorias. Vendiam diretamente aos fazendeiros e muitos tinham mulas e/ou carregadores, escravos ou não, que transportavam os volumes. A freguesia dos mascates não só era constituída pela população livre, como pela escrava também. O fazendeiro tolerava esse tipo de comércio, entre outros motivos, porque o mascate não deixava de ser um elemento que o punha em contato com o mundo exterior, inclusive como veiculador de notícias.

* * *

Agradecemos ao engenheiro-agrônomo Dr. Durval Rocha Fernandes, do Instituto Brasileiro do Café, em Campinas, cuja atenta leitura do original permitiu-nos a correção de informações e dados técnicos.

* * *

Introduzido no Brasil há 256 anos (1727-1983), o café está longe de ver encerrado o seu *ciclo*. Ocupando ainda lugar privilegiado em nossa balança de exportações, continua sendo importante captador de divisas, além de representar, na agricultura, uma das lavouras que absorvem maior contingente de mão-de-obra, ainda que mais concentrada apenas no período de safra.

O porte das instituições do Estado que funcionam especificamente voltadas para a economia cafeeira, com seu aparato burocrático, administrativo e interveniente, demonstra bem o que representa esse setor econômico para o país.

Tendo o Brasil se tornado, nas últimas décadas, um dos maiores países agrícolas do mundo, com a constante ampliação de suas fronteiras cultiváveis, o café, que tem área natural delimitada para seu plantio, continua representando um produto que pesa consideravelmente nas relações comerciais que o país mantém, particularmente com a Europa e a

América do Norte.

Embora este texto se demore mais na descrição e análise do café a nível econômico, no qual acompanhamos historicamente sua produção, distribuição, circulação e consumo, não deixamos de demonstrar, através das forças produtivas e das relações sociais de produção, como o desempenho da cafeicultura se insere na estrutura social e na instância política, marcando circuitos e movimentos, agentes e classes sociais, a cultura e a civilização brasileiras.

INDICAÇÕES PARA LEITURA

A bibliografia sobre o café no Brasil é numerosa e geralmente de boa qualidade. Compreende praticamente todos os ângulos do tema, pois, da natureza do solo à ideologia da burguesia cafeeira, tem abordado a história, geografia, economia, política, folclore, sociedade, cultura, técnicas agrícolas, genética, etc. Para uma idéia, vide *Bibliografia do Café*, 2 vols., Ministério da Agricultura, Brasília, 1975/1977.

Neste passo, são feitas algumas indicações de leitura, de títulos que julgamos representativos exatamente para determinadas abordagens ou para conhecimento global da economia cafeeira.

Dessa maneira, se nos preocuparmos com certo mapeamento geográfico das diferentes regiões naturais c/ou político-administrativas que desenvolveram a cafeicultura, verificaremos que durante muito tempo o conhecimento que se acumulou privilegiou o

A Economia Cafeeira

Vale do Paraíba (Rio de Janeiro e São Paulo) como objeto de estudo, dando em resultado vários e importantes trabalhos de abordagem histórica, entre os quais destacamos Emília Viotti da Costa, *Da senzala à colônia*, Difel, São Paulo, 1966 e Stanley J. Stein, *Grandeza e decadência do café*, Brasiliense, 1961.

A partir daí, pode-se mesmo considerar que as pesquisas e estudos sobre as demais áreas como o Espírito Santo e Minas Gerais, os chamados "Oeste Velho" e "Oeste Novo" de São Paulo, as frentes pioneiras ainda de São Paulo e o Norte do Paraná, estão ainda em curso, permanecendo muitos trabalhos inéditos, apesar de já terminados. Só recentemente Minas foi objeto de um trabalho específico e de porte: João Heraldo Lima, *Café e indústria em Minas Gerais 1870-1920*, Vozes, Petrópolis, 1981.

Sobre o "Oeste Velho", o destaque é para Warren Dean, *Rio Claro: um sistema brasileiro de grande lavoura 1820-1920*, Paz e Terra, Rio, 1977 e Brasílio Sallum Jr., *Capitalismo e Cafeicultura (Oeste-Paulista 1888-1930)*, Liv. Duas Cidades, São Paulo, 1982. Repetimos que para essa área há estudos sobre a estrutura fundiária, sobre unidades de produção, mercado de força de trabalho, ideologia dos fazendeiros, etc., que ainda aguardam publicação. Resultam quase sempre de Dissertações de Mestrado e Teses de Doutoramento.

No que diz respeito às frentes pioneiras de São Paulo, para uma introdução teórica, o artigo de José de Souza Martins, "Frente Pioneira: contribuição para uma caracterização sociológica" *in Estudos*

Históricos, n.º 10, Fac. de Filosofia de Marília, 1971. Para conhecimento da expansão cafeeira nessas áreas, Pierre Monbeig, *Ensaios de Geografia Humana brasileira*, Martins, São Paulo, 1940; idem, *Pionniers et planteurs de São Paulo*, A. Colin, Paris, 1952.

Sobre o Paraná, é recente o estudo de Nadir Apparecida Cancian, *Cafeicultura paranaense 1900/1970*, Secretaria de Estado da Cultura e do Esporte do Paraná, Curitiba, 1981. Entretanto, sobre o Espírito Santo e Mato Grosso do Sul não temos ainda nada publicado, embora já haja alguma produção que dá os primeiros passos para o seu conhecimento, em termos, por exemplo, da força de trabalho escrava e livre, da política cafeeira, etc.

Esses estudos, que se voltaram mais para regiões específicas, não impediram uma linha de trabalhos sobre a história geral do café no Brasil, que nos trouxe sobretudo uma massa de dados e informações, hoje de consulta obrigatória, avançando naturalmente até o nível de conhecimento da data de sua publicação. É bem o caso de Afonso de Taunay, *História do café no Brasil*, 15 vols., Depto. Nacional do Café, Rio de Janeiro, 1939 e *Pequena História do café no Brasil 1727-1937*, Depto. Nacional do Café, Rio de Janeiro, 1945; Sérgio Milliet, *Roteiro do café e outros ensaios*, Depto. de Cultura, São Paulo, 1941; Alfredo Ellis Júnior, *O café e a Paulistânia*, Fac. de Filosofia da USP, São Paulo, 1951; Ary França, *A marcha do café e as frentes pioneiras*, Conselho Nacional de Geografia, Rio de Janeiro,

1960; Roberto C. Simonsen, "Aspectos da história econômica do café" *in Revista do Arquivo Municipal de São Paulo*, n.º LXV, São Paulo, 1940.

Nesse tópico cabe ainda lugar relevante aos viajantes estrangeiros: Daniel P. Kidder, *Reminiscências de viagem e permanência no Brasil*, Martins, São Paulo, 1940; John Mawe, *Viagens ao interior do Brasil*, Valverde, Rio de Janeiro, 1940; Auguste de Saint-Hilaire, *Viagem à província de São Paulo*, Martins, São Paulo, 1940; J. J. von Tschudi, *Viagem às províncias do Rio de Janeiro e São Paulo 1860-1866*, Martins, São Paulo, 1953; Luiz D'Alincourt, *Memória sobre a viagem do porto de Santos à cidade de Cuiabá*, Martins, São Paulo, 1953; Augusto Emílio Zaluar, *Peregrinação pela província de São Paulo 1860-1861*, Martins, São Paulo, 1953.

As Histórias Econômicas e Gerais do Brasil reservam sempre um ou mais capítulos para a economia cafeeira: Caio Prado Júnior, *História Econômica do Brasil*, 19.ª ed., Brasiliense, São Paulo, 1976; Celso Furtado, *Formação econômica do Brasil*, Fundo de Cultura, Rio, 1961; Nelson Werneck Sodré, *Formação Histórica do Brasil*, 9.ª ed., Civilização Brasileira, Rio de Janeiro, 1976; Mircea Buescu, *História Econômica do Brasil*; Luís Amaral, *História geral da agricultura brasileira*, Cia. Ed. Nacional, São Paulo, 1946; Heitor Ferreira Lima, *História político-econômica e industrial do Brasil*, Cia. Ed. Nacional, São Paulo, 1970; Sérgio Buarque de Holanda e Bóris Fausto (Direção), *História Geral da Civilização Brasileira*, Difel, São Paulo, 1975.

Há aspectos mais específicos da economia cafeeira, ligados à produção, transportes, comercialização, técnicas agrárias, etc., que possuem títulos importantes, como é o caso, por exemplo, de José Ribeiro de Araújo Filho, *Santos, o porto do café*, Fundação IBGE, Rio de Janeiro, 1969 e Odilon Nogueira de Mattos, *Café e ferrovias*, Alfa-Omega, São Paulo, 1974.

Nesta extensa bibliografia cabe um registro para os títulos mais abrangentes, isto é, que dizem respeito a toda a economia cafeeira, mas têm uma abordagem que privilegia aspectos estatísticos, econômicos, sociais, técnicos, literários, etc. Nesse tópico temos: Alves Mota Sobrinho, *A civilização do café*, Brasiliense, São Paulo, 1978; Antonio Delfim Neto, *O problema do café no Brasil*, Fac. de Ciências Econômicas e Administrativas da USP (2ª impressão), São Paulo, 1966; E. A. Graner e C. Godoy Júnior (Coord.), *Manual do cafeicultor*, EDUSP/Melhoramentos, São Paulo, 1967; *Cultura de café no Brasil — Manual de recomendações*, 4ª ed., IBC, Rio, 1981; Basílio de Magalhães, *O Café*, Cia. Ed. Nacional, São Paulo, 1939; Olavo Batista Filho, *A fazenda de café em São Paulo*, Serviço de Informação Agrícola, Rio de Janeiro, 1952; *O café no segundo centenário de sua introdução no Brasil*, DNC, Rio de Janeiro, 1934; Paula Beiguelman, *A formação do povo no complexo cafeeiro*, Pioneira, São Paulo, 1964; Araguaia Feitosa Martins, *Mutirão cafeeiro*, Brasiliense, São Paulo, 1961; "O café", *in Anais do II Congresso de História de São Paulo*, Araraquara,

A Economia Cafeeira

1974; *Anuário Estatístico do Café 1727-1977*, n.º 11, IBC, Rio de Janeiro, dezembro, 1977.

A matéria que versa sobre o café publicada em jornais e revistas especializadas é muito vasta. Assim, recomenda-se a consulta às coleções da *Revista Brasileira de Geografia, Boletim Geográfico, Boletim Paulista de Geografia, O Observador Econômico e Financeiro, Publicações do Serviço de Informação Agrícola, Conjuntura Econômica, Anuários Estatísticos* (IBGE), *Revista do Comércio do Café, Boletim da Divisão de Economia Rural da Secretaria da Agricultura de São Paulo, Boletim da Superintendência dos Serviços do Café* (Secretaria da Fazenda do Estado de São Paulo), *Digesto Econômico, Boletins do Instituto Agronômico de Campinas*.

Cabe especial registro para as publicações periódicas e avulsas do Instituto Brasileiro do Café. Entre as últimas, *Café: cooperação internacional dos produtores*, Rio de Janeiro, 1973; *O que é o IBC*, Rio de Janeiro, 1973; *Acordo Internacional do Café*, Rio de Janeiro, 1974; *Café solúvel no Brasil*, Rio de Janeiro, 1974; *Do cafezal ao cafezinho*, Rio de Janeiro, s.d.; *A fazenda de café escravocrata, no Brasil* (Orlando Valverde), Rio de Janeiro, 1973; *Intervenções oficiais e órgãos cafeeiros do Brasil*, Rio de Janeiro, 1974; *Café — importância econômica*, Rio de Janeiro, 1973; *ABC do café*, Rio de Janeiro, 1973.

Finalmente, sobre as relações entre o café e os demais setores da economia brasileira — comércio e indústria — existe uma bibliografia que explora várias colocações, geralmente divergentes: José de Souza Martins, "O café e a gênese da industrialização em São Paulo", *in Contexto*, n.º 3, São Paulo, Julho, 1977; Jacob Gorender, "Os fazendeiros do oeste paulista", *in O escravismo colonial*, pp. 555-572, Ática, São Paulo, 1978 e Fernando Henrique Cardoso, "O café e a industrialização da cidade de São Paulo", *in Revista Brasiliense*, São Paulo; Peter L. Eisenberg, "A mentalidade dos fazendeiros no Congresso Agrícola de 1878", *in Modos de produção e realidade brasileira*, Vozes, Petrópolis, 1980.

Entre as obras que tratam do mesmo tema, destacamos: Nícia Vilela Luz, *A luta pela industrialização do Brasil*, Difusão Européia do Livro, São Paulo, 1961; Warren Dean, *A industrialização de São Paulo*, Difusão Européia do Livro, 1971; Wilson Cano, *Raízes da concentração industrial em São Paulo*, Difel, São Paulo, 1977; Sérgio Silva, *Expansão cafeeira e origens da indústria no Brasil*, Alfa-Ômega, São Paulo, 1976; Francisco Foot e Victor Leonardi, *História da Indústria e do trabalho no Brasil*, Ed. Global, São Paulo, 1982; Jacob Gorender, *A burguesia brasileira*, Ed. Brasiliense, São Paulo, 1981 e João Manuel Cardoso de Mello, *O capitalismo tardio*, Ed. Brasiliense, São Paulo, 1982.

Sobre o Autor

Nasceu em Campinas, SP, em 1929. Fez seus cursos superiores — Licenciado em Geografia e História e Bacharel em Ciências Jurídicas e Sociais — na Universidade Católica de Campinas. É Doutor pela Faculdade de Filosofia de Marília (UNESP), onde lecionou de 1959 a 1972, tendo neste ano se transferido para a Universidade Estadual de Campinas (UNICAMP), onde colaborou na criação dos cursos de História e é Professor Titular do Instituto de Filosofia e Ciências Humanas.

Tem publicados os seguintes livros: *A Bahia e a Carreira da Índia* (Cia. Ed. Nacional, São Paulo, 1968); *Economia Colonial* (Ed. Perspectiva, São Paulo, 1973); *A História em questão* (Historiografia Brasileira Contemporânea) (Ed. Vozes, Petrópolis, 1ª ed., 1976, 2ª ed., 1981); *Livro da Visitação do Santo Ofício da Inquisição ao Estado do Grão-Pará 1763-1769* (Ed. Vozes, Petrópolis, 1978); *O Antigo Sistema Colonial* (Ed. Brasiliense, São Paulo, 1982). Colaboração em obras coletivas: *Pequena Enciclopédia da História do Mundo* (Ed. Cultrix, São Paulo, 1964); *Pequeno Dicionário de Literatura Brasileira* (Ed. Cultrix, São Paulo, 1967 — 2ª ed., 1980); *Modos de Produção e Realidade Brasileira* (org.) (Ed. Vozes, Petrópolis, 1980).

A sua colaboração em jornais e revistas especializadas, do país e exterior, soma algumas dezenas de artigos, ensaios, entrevistas e resenhas. Tem dado cursos, seminários e conferências em universidades brasileiras e estrangeiras. É assessor da CAPES, do extinto Conselho Nacional de Pós-Graduação, FAPESP e Fundação Ford.

É coordenador da Coleção "História Brasileira", da Vozes. Pertence a várias instituições científicas brasileiras e estrangeiras e atualmente é Presidente da Seção Brasileira da Asociación de Historiadores Latinoamericanos y del Caribe (ADHILAC).

Caro leitor:

As opiniões expressas neste livro são as do autor, podem não ser as suas. Caso você ache que vale a pena escrever um outro livro sobre o mesmo tema, nós estamos dispostos a estudar sua publicação com o mesmo título como "segunda visão"

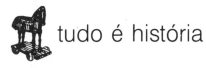 tudo é história

HISTÓRIA DA AMÉRICA

ANTIGA
(Período Pré-Colombiano)

A Pré-História 135 ☆
A América Pré-Colombiana 16

MODERNA
(Séc. XV a XVIII)

Afro-América 44 ☆ A rebelião de Tupac Amaru 119 ☆ Guerra Civil Americana 40

CONTEMPORÂNEA
(Séc. XIX e XX)

Caribe 108 ☆ O Caudilhismo 118 ☆ Haiti 104 ☆ As Independências na América Latina 1 ☆ O Militarismo na América Latina 46 ☆ Movimento Operário Argentino 95 ☆ O Populismo na América Latina 4

SÉRIE NOSSA AMÉRICA

Bolívia 137 ☆ Chile 136 ☆ Uruguai 140

HISTÓRIA GERAL

ANTIGA
(Até o séc. V)

O Egito Antigo 36 ☆ O Mundo Antigo: Economia e Sociedade 9 ☆ A Reforma Agrária na Roma Antiga 122

MEDIEVAL
(Séc. V a XV)

Caminho da Idade Média 117 ☆ As Cruzadas 34 ☆ O Feudalismo 65 ☆ O Império Bizantino 107 ☆ A Inquisição 49 ☆ O Mundo Carolíngio 99

MODERNA
(Séc. XV a XVIII)

A Comuna de Paris 24 ☆ A Etiqueta no Antigo Regime 69 ☆ O Iluminismo e os Reis Filósofos 22 ☆ A Inquisição 49 ☆ Mercantilismo e Transição 7 ☆ Movimento e Pensamento Operários antes de Marx 139 ☆ As Revoluções Burguesas 8 ☆ A Revolução Inglesa 82

CONTEMPORÂNEA
(Séc. XVIII a XX)

Apartheid 102 ☆ Argélia: A guerra e a independência 73 ☆ A Ditadura Salazarista 106 ☆ A Formação do 3.º Mundo 35 ☆ Guiné-Bissau 77 ☆ História da Ordem Internacional 126 ☆ Londres e Paris no séc. XIX 52 ☆ A Luta Contra a Metrópole 3 ☆ O Nascimento das Fábricas 51 ☆ O Oriente Médio e o Mundo dos Árabes 53 ☆ Paris 1968: As Barricadas do Desejo 9 ☆ O Período do Entre-guerras 141 ☆ A Poesia Árabe Moderna e o Brasil 50 ☆ A Redemocratização Espanhola 68 ☆ A República de Weimar e a Ascensão do Nazismo 58 ☆ A Revolução Alemã 90 ☆ Revolução e Guerra Civil na Espanha 31 ☆ A Revolução Industrial 11 ☆ A Revolução Russa 61

HISTÓRIA DO BRASIL

COLÔNIA
(1500-1822)

Bandeirantismo: Verso e Reverso 47 ☆ Barroco Mineiro 123 ☆ A Civilização do Açúcar 88 ☆ O Continente do Rio Grande 111 ☆ O Escravo Gaúcho 93 ☆ A Família Brasileira 71 ☆ Formação do Espaço Agrário Brasileiro 132 ☆ O Fumo no Brasil Colônia 121

IMPÉRIO
(1822-1889)

A Abolição da Escravidão 17 ☆ A Balaiada 116 ☆ A Crise do Escravismo e a Grande Imigração 2 ☆ A Economia Cafeeira 72 ☆ A Guerra Contra o Paraguai 131 ☆ A Guerra do Paraguai: 2.ª visão 138 ☆ Nordeste Insurgente (1850-1890) 10 ☆ Os Quilombos e a Rebelião Negra 12 ☆ A Revolta dos Parceiros 110 ☆ A Revolução Farroupilha 101

REPÚBLICA
(1889-   )

A Burguesia Brasileira 29 ☆ A Campanha do Petróleo 109 ☆ A Cidade de São Paulo 78 ☆ Cidadelas da Ordem 128 ☆ A Coluna Prestes 103 ☆ Constituintes e Constituições Brasileiras 105 ☆ O Coronelismo 13 ☆ O cotidiano de trabalhadores 130 ☆ Cultura e Participação nos Anos 60 41 ☆ A Escola e a República 127 ☆ O Estado Novo 114 ☆ O Governo Goulart e o Golpe de 64 48 ☆ O Governo Jânio Quadros 30 ☆ O Governo Juscelino Kubitscheck 14 ☆ História da Música Independente 124 ☆ A Industrialização Brasileira 98 ☆ Juventude Operária Católica 97 ☆ A Liberdade Sindical no Brasil 113 ☆ Mata Galegos 129 ☆ Movimento Grevista no Brasil 120 ☆ Partido Republicano Federal 115 ☆ A Proclamação da República 18 ☆ Revolução de 30: A Dominação Oculta 42 ☆ São Paulo na Primeira República 125 ☆ A Segurança Nacional 112 ☆ Tio Sam chega ao Brasil 91

BIOGRAFIAS

Friedrich Nietzsche 134 ☆ Sigmund Freud 133

Coleção Primeiros Passos
Uma Enciclopédia Crítica

ANTROPOLOGIA/RELIGIÃO
Baralho
Benzeção
Budismo
Candomblé
Capoeira
Comunidade Eclesial de Base
Espiritismo
Espiritismo 2ª Visão
Etnocentrismo
Folclore
Futebol
Igreja
Islamismo
Língua
Mito
Música Brasileira
Pastoral
Pentecostalismo
Religião
Superstição
Tabu
Teologia da Libertação
Umbanda

POLÍTICA
Agrária, a questão
Alienação
Anarquismo
Autonomia Operária
Capital
Capital Internacional
Capitalismo
Cidadania
Comissões de Fábrica
Comunismo
Constituinte
Cooperativismo
Democracia
Deputado
Desobediência Civil
Dialética
Direitos da Pessoa
Ditaduras
Eleições
Estrutura Sindical
Geopolítica
Greve
Guerra
Ideologia
Imperialismo
Liberdade
Mais-Valia
Marxismo
Materialismo Dialético
Nacionalidade
Nazismo
Palestina, a questão
Parlamentarismo
Participação Política
Poder
Política
Política Cultural
Política Nuclear
Política Social
Positivismo
Propaganda Ideológica
Reforma Agrária
Revolução
Sindicalismo
Socialismo
Stalinismo
Trotskismo
Vereador

SOCIOLOGIA
Alcoolismo
Cidadania
Cidade
Comunidade Eclesial de Base
Crime
Cultura
Cultura Popular
Família
Feminismo
Fome
Homossexualidade
Igreja
Imoralidade
Intelectuais
Lazer
Literatura Popular
Loucura
Menor
Moradia, a questão da
Morte
Música Brasileira
Música Sertaneja
Negritude
Nordeste Brasileiro
Participação
Pessoas Deficientes
Política Social
Pornografia
Prevenção de Drogas
Psicologia Social
Punk
Racismo
Segurança do Trabalho
Serviço Social
Sociologia
Sociologia do Esporte
Suicídio
Tortura
Toxicomania
Trabalho
Trânsito
Transporte Urbano
Urbanismo
Violência
Violência Urbana

DIREITO
Constituinte
Diplomacia
Direito
Direito Autoral
Direito Internacional
Direitos da Pessoa
Direitos Humanos
Habeas-Corpus
Justiça
Nacionalidade
Poder Legislativo

ECONOMIA/ADMINISTRAÇÃO
Administração
Bolsa de Valores
Burocracia
Dívida Externa
Economia
Empregos e Salários
Empresa
Estatística
FMI
Funcionário Público
Inflação
Mais-Valia
Marketing
Multinacionais
Questão Agrária
Recessão
Recursos Humanos
Reforma Agrária
Subdesenvolvimento
Taylorismo
Trabalho

EDUCAÇÃO
Adolescência
Brinquedo
Criança
Educação
Educação Física
Escolha Profissional
Filatelia
Leitura
Literatura Infantil
Menor
Método Paulo Freire
Pedagogia
Universidade

FILOSOFIA
Arte
Ceticismo
Dialética
Ética
Existencialismo
Filosofia
Filosofia medieval
Ideologia
Imoralidade
Lógica
Materialismo Dialético
Moral
Morte
Natureza
Poder
Realidade
Teoria
Utopia

HISTÓRIA/GEOGRAFIA
Documentação
Geografia
História
História das Mentalidades
Materialismo Dialético
Museu
Numismática
Pantanal
Patrimônio Histórico

PSICOLOGIA
Aborto
Adolescência
Aids
Alcoolismo
Amor
Corpo
Corpo(latria)
Criança
Depressão
Erotismo
Escolha Profissional
Loucura
Morte
Neurose
Parapsicologia
Pênis
Prevenção de Drogas
Psicanálise
Psicanálise - 2ª visão
Psicodrama
Psicologia
Psicologia Comunitária
Psicologia Social
Psicoterapia

Psicoterapia de Família
Psiquiatria Alternativa
Tabu
Toxicomania
Violência

VIVER ALTERNATIVO/MEDICINA
Acupuntura
Alquimia
Astrologia
Aventura
Contracepção
Ecologia
Esperanto
Grafologia
Hipnotismo
Homeopatia
Ioga
Magia
Medicina Alternativa
Medicina Popular
Medicina Preventiva
Natureza
Parapsicologia
Psiquiatria Alternativa
Remédio
Superstição
Tarô
Zen

ARTES/COMUNICAÇÕES
Ação Cultural
Arquitetura
Arte
Ator
Beleza
Biblioteca
Cinema
Comunicações
Comunicação Poética
Comunicação Rural
Contracultura
Cultura
Cultura Popular
Design
Documentação
Editora
Esperanto
Fotografia
Gesto Musical
História em Quadrinhos
Indústria Cultural
Jazz
Jornalismo
Jornalismo Operário
Museu

Música
Música Brasileira
Música Sertaneja
Política Cultural
Pós-Moderno
Retórica
Rock
Teatro
Teatro Nô
Urbanismo
Vídeo

LITERATURA
Comunicação
    Poética
Conto
Direito Autoral
Editora
Escrita Feminina
Ficção
Ficção Científica
Leitura
Língua
Lingüística
Literatura
Literatura Infantil
Literatura Popular
Neologismo
Poesia
Português-Brasileiro
Romance Policial
Semiótica
Tradução
Vampiro

CIÊNCIAS EXATAS/BIOLÓGICAS
Astronomia
Cibernética
Ciência
Cometa Halley
Computador
Darwinismo
Energia Nuclear
Estatística
Física
Informática
Informática 2ª Visão
Inteligência Artificial
Lógica
Matemática
Natureza
Pantanal
Química
Radioatividade
Zoologia

PROPRIEDADE DA TERRA & TRANSIÇÃO
Roberto Smith

Originário da tese de doutorado defendida por
Roberto Smith junto ao Departamento de Economia da Universidade de São Paulo, em 1989, este
livro estuda a formação da propriedade mercantil da terra no Brasil, centrando-se na complexa
e controvertida questão da transição para o capitalismo em nosso país.

ESTRUTURA E DINÂMICA DO ANTIGO SISTEMA COLONIAL

Fernando A. Novais
*Como entender as necessidades do capitalismo em formação sem voltar os olhos para
o modo de produção colonial? É nesta perspectiva que Fernando A. Novais analisa o
colonialismo no Novo Mundo e acentua
suas conseqüências nas desigualdades e injustiças dos dias de hoje.*

Pequena História da República
Cruz Costa
146 pp.

Esclarecer o presente à luz dos conhecimentos de nosso passado mais próximo é objetivo
deste clássico da historiografia brasileira.
Cruz Costa retoma os rumos da história política brasileira dos fins do Império até 1964,
fazendo uma relação com os fatos da atualidade.

Tenentismo e Revolução Brasileira
Vavy Pacheco Borges

Não aceitando explicar os anos 30 com a fórmula "tenentismo versus oligarquia", Vavy Borges retoma as versões dos participantes da época para passar a limpo esse importante capítulo de nossa história.

Utopias Medievais
Hilário Franco Jr.

Examinar a Idade Média é como olhar as raízes de nossos próprios sonhos. As utopias daquela época (o Graal, a Cocanha, Preste João, o Milênio, a Androginia, o Paraíso) são a base de muitas utopias posteriores — e continuam a encantar o homem ocidental contemporâneo.

Visão do Paraíso
Sergio Buarque de Holanda

Obra que pertence ao pensamento historiográfico universal, atingindo alguns pontos básicos para a compreensão da alma latina do continente, entre eles a diferenciação entre a América Espanhola e a América Lusitana. Clássico desde seu lançamento em 1959.

Av. Plínio Brasil Milano, 2145
Fone 341-0455 · P. Alegre · RS